Roland Kopp-Wichmann

Ich kann auch anders

Das Buch

Ein wirklich guter Job: nette Kollegen, ein gutes Miteinander im Team, vertrauensvolle Zusammenarbeit unter den Kollegen, mit dem Chef und den Kunden, Erfolg und Anerkennung … Aber der Alltag sieht oft ganz anders aus: viel zu viel Arbeit, viel zu viel Stress, Ärger mit dem Chef, Streit mit der Kollegin, und wieso geraten ausgerechnet wir immer an die schwierigsten Kunden? Woran liegt es, dass es im Job oft gar nicht so läuft, wie wir es gern hätten?

Roland Kopp-Wichmann zeigt anhand der 10 Top-Job-Probleme, was täglich schief läuft – für Kollegen, Mitarbeiter, Chefs, Geschäftspartner: Wir übertragen unbewusste Konflikte aus unserer Biografie in unseren Berufsalltag und das kann allzu leicht zu Missverständnissen, Frust und Ärger führen. Deshalb ermutigt uns der Autor, Neues auszuprobieren und durch Tests und ungewöhnliche Experimente unseren Psychofallen auf die Spur zu kommen und uns aus ihnen befreien. Denn wir können auch anders!

Der Autor

Roland Kopp-Wichmann ist Diplompsychologe und seit über 25 Jahren in eigener Praxis in Einzel- und Paartherapie in Heidelberg tätig. Zudem arbeitet er als Führungskräftetrainer und Coach und leitet Persönlichkeitsseminare.

Mehr lesen, hören, wissen unter: www.ichkannauchanders_blog.de

Roland Kopp-Wichmann

Ich kann auch anders

Psychofallen im Beruf erkennen

FREIBURG · BASEL · WIEN

HERDER spektrum Band 6446

Eigentlich bin ich ganz anders.
Aber ich komme so selten dazu.
Ödön von Horvath

MIX
Papier aus verantwor-
tungsvollen Quellen
FSC **FSC® C106847**
www.fsc.org

Titel der Originalausgabe: Ich kann auch anders
© Verlag Kreuz GmbH Stuttgart, 2010
ISBN 978-3-7831-3412-4

© Verlag Herder GmbH, Freiburg im Breisgau 2012
Alle Rechte vorbehalten
www.herder.de

Umschlagkonzeption: R·M·E Roland Eschlbeck
Umschlaggestaltung: Verlag Herder
Umschlagmotiv: © Corbis
Foto Roland Kopp-Wichmann: © privat

Satz: de·te·pe, Aalen
Herstellung: fgb · freiburger graphische betriebe
www.fgb.de

Printed in Germany

ISBN 978-3-451-06446-3

Inhalt

Der Blog zum Buch

Unter der Internetadresse www.ichkannauchanders-blog.de
habe ich einen Blog eingerichtet, auf dem ich immer wieder
Artikel, Übungen und Podcasts zu Themen dieses Buches
veröffentliche. Dort können Sie sich in einem Forum auch
gern mit anderen Leserinnen und Lesern über Ihre persönliche Psychofalle austauschen. Sie können mir auf dem Blog
auch Fragen stellen und ich werde Ihnen antworten.

Wenn Sie hier im Buch dieses Zeichen ⊙ sehen, können
Sie sich von dort weiterführendes Material herunterladen.

Was bringt Ihnen dieses Buch, liebe Leserin und lieber Leser?

Ich kann auch anders.

Der Buchtitel hat Sie neugierig gemacht. Sonst würden Sie das hier jetzt nicht lesen. Aber stimmt der Titel wirklich?

Die schlechte Nachricht zuerst: Sich verändern ist nicht leicht. Ein Verhaltensmuster, das sich jahrelang in Ihnen eingegraben hat, werden Sie nicht in drei oder sieben Tagen ändern können. Warum das so ist, erfahren Sie in diesem Buch.

Meine Leitsätze für dieses Buch lauten:

- Der Fisch ist der Letzte, der das Wasser entdeckt.
  Veränderung ist schwierig.
- Die Landkarte ist nicht die Landschaft.
  Weil wir die Wirklichkeit nicht direkt erkennen können, machen wir uns Landkarten von ihr.
- Das Symptom ist die Lösung.
  Unser Verhalten ist nie dumm oder schlecht, sondern immer die beste Wahl aus unseren Möglichkeiten.
- Ich kann auch anders.
  Wer ein Problem ändern will, muss erst herausfinden, wie er es erzeugt.

Sie finden, das klingt nach Arbeit? Sie haben recht.

Halt! Bevor Sie jetzt mein Buch entmutigt wieder weglegen, kommt die gute Nachricht: *Sie können durchaus anders.* Auch Sie können etwas Grundlegendes in Ihrem Leben – und sogar in Ihrem Berufsleben! – verändern. Nur eben nicht sehr schnell, sondern Schritt für Schritt. Dafür finden Sie am besten zuerst heraus, was hinter Ihrem Verhalten, das Sie stört, eigentlich steckt.

Viele Menschen machen für unangenehme Erlebnisse vor allem andere Menschen oder die berühmten Umstände oder Sachzwänge verantwortlich. Das ist zwar im ersten Moment entlastend, hat aber den Nachteil, dass Sie andere Menschen oder die Umstände oft nicht direkt verändern können. Was Sie viel eher verändern können, ist Ihre eigene Art, Geschehnisse zu interpretieren und zu bewerten. Dies geschieht meist blitzschnell und weitgehend unbewusst. Weil ein Großteil des menschlichen Erlebens automatisiert abläuft. Hier ein Beispiel. Lesen Sie bitte den folgenden Absatz:

Hbaen Sie's gswsuet? Stzäe, die Wtreör mit vhtsterueacn Bstucahebn eehtlatnn, knnöen retliav pmllroobes geeesln wderen. Die ezingie Beuigndng: Anfnags- und Ecaunbthbsde dferün nihct vetscrauht sien. Deis eargb enie Sudite an enier eglheicnsn Urtiseinvät.

Vermutlich konnten Sie die Zeilen gut lesen (falls nicht: ganz unten stehen sie noch einmal). Das geht, weil Sie nicht Buchstabe für Buchstabe lesen, sondern gleichsam über den Text »fliegen« und dabei den Sinn erfassen. Ähnlich automatisiert sind ganz viele unserer täglichen Handlungen. Wie wir Auto fahren, ob wir jemanden sympathisch finden, wie wir auf Partnersuche gehen …

All das wird gesteuert von unseren Erfahrungen (»Landkarten«), vor allem von denen, die wir in den ersten zehn bis zwölf Jahren unseres Lebens gemacht haben und die unsere Persönlichkeit stark geprägt haben. Darum ist es nützlich, einen Blick auf die »Software« zu werfen, die Ihr Verhalten – privat wie beruflich – beeinflusst.

Das ist nicht ganz einfach – aber möglich. Mit den Fragen und Experimenten in diesem Buch können Sie sich auf eine spannende Entdeckungsreise begeben.

Haben Sie's gewusst? Sätze, die Wörter mit vertauschten Buchstaben enthalten, können relativ problemlos gelesen werden. Die einzige Bedingung: Anfangs- und Endbuchstabe dürfen nicht vertauscht sein. Dies ergab eine Studie an einer englischen Universität.

Eine Entdeckungsreise in ein unbekanntes Land ist immer etwas mühsam. Man schwitzt dabei oder friert, hat alle möglichen Gefühle. Aber wenn man nicht zu früh aufgibt, kommt man schließlich doch ans Ziel. Das unbekannte Land in diesem Fall ist Ihre Persönlichkeit.

Haben Sie Lust aufzubrechen? Ich begleite Sie gern als Ihr Reiseführer. Das Ticket dazu halten Sie schon in Ihren Händen. Blättern Sie um.

Einleitung:
Warum verhalten sich Menschen eigentlich manchmal so seltsam?

Im Berufsleben findet man ja meistens nur Erwachsene. Aber verhalten sie sich auch so?

> *Die Tür fliegt auf. Mit hochrotem Kopf steht der Chef im Türrahmen und brüllt los: »Hat denn niemand diese verdammte Abrechnung geprüft? Bin ich denn hier von lauter Idioten umgeben?«*
>
> *Beim Besuch der Erdbebenopfer in den Abruzzen will der italienische Ministerpräsident die 17000 Erdbebenopfer, die gerade ihr Haus und ihre Angehörigen verloren haben, mit den Worten aufmuntern, das Ganze sei etwas provisorisch, aber sie sollten es einfach als Campingurlaub betrachten.*
>
> *Nachdem der Sachbearbeiter sich ungerechterweise einen Verweis von seinem Vorgesetzten eingehandelt hat, beschließt er, sich für drei Tage krankschreiben zu lassen. Als er sich auf den Weg nach Hause macht, nimmt er noch ein Paket Kopierpapier mit.*

Warum verhalten wir uns manchmal so unerwachsen?

Unreife Verhaltensweisen sind im Berufsleben überall zu finden. Oft behandeln wir im Job Vorgesetzte, Mitarbeiter und Kunden, als wären es unsere Eltern, Geschwister, Schulkameraden oder unsere Kinder. Die Folgen können unangenehm sein. Im günstigsten Fall lächelt man über uns und nimmt uns nicht für voll. Auf die Dauer verlieren wir jedoch den Respekt der anderen. Im schlimmsten Fall sogar den Arbeitsplatz.

Die These dieses Buches lautet:

Wir verhalten uns bisweilen so unangemessen, weil wir unbewusste Konflikte aus unserer Biografie im Berufsleben reinszenieren.

Deshalb sieht der eine in seinem Chef wieder den autoritären Vater, während sein Kollege denselben Vorgesetzten zwar als manchmal aufbrausend erlebt, dies aber akzeptieren kann. Ein anderer wagt nicht, sich angemessen gegen Forderungen abzugrenzen, weil er gewohnt ist, sich Zuneigung und Sympathie durch Wohlverhalten zu verdienen. Ein Dritter bezahlt für seinen übertriebenen Perfektionismus mit vielen Überstunden und geht damit allen auf die Nerven.

In diesem Buch werden Sie sich wiedererkennen.

Das ist mitunter nicht so angenehm – aber ein unverzichtbarer Schritt zur Veränderung. Denn was Sie nicht selbst als Problem erkennen, können Sie auch nicht lösen. Die meisten Menschen vermeiden diese Selbsterkenntnis. Denken Sie an den italienischen Ministerpräsidenten.

Ich hoffe, Sie sind anders.

Wenn nicht, können Sie das Buch jetzt vorsichtig wieder zuklappen und als »ungelesen« weiterverkaufen. Wenn doch, sind Sie am Beginn einer spannenden Reise. Einer Reise in Ihr Inneres, also Ihre Persönlichkeit. Und einer Reise in Ihre Vergangenheit, genauer gesagt, in Ihre Kindheit und Jugend.

Das ist notwendig. Denn die wesentlichen Erfahrungen, wie wir mit anderen Menschen umgehen können, machen wir in diesen frühen Jahren. Wie man streitet und wer dabei nachgeben muss. Ob und wie man akzeptiert und geliebt wird und was man dafür tun muss. Ob man was kann, andere einem etwas zutrauen oder ob man immer erst beweisen muss, dass man was kann.

In den folgenden Kapiteln erfahren Sie, was hinter den häufigsten nicht-erwachsenen Verhaltensweisen im Beruf steckt. Also warum manche Menschen immer zu spät zum Meeting kommen müssen. Oder warum andere bei einer Besprechung nicht den Mund aufkriegen, aber hinterher alles besser wissen. Mitarbeiter, die den ganzen Tag jammern und überall Gefahren wittern. Kollegen, die aus jeder Diskussion einen Machtkampf machen, und Chefs, die nur schleimende Ja-Sager um sich scharen.

Diese Verhaltensweisen nenne ich »Psychofallen«. »Fallen«, weil sie tatsächlich unser Verhalten massiv einschränken, wir aber meistens unbewusst in dieses Verhalten hineintappen wie in eine Falle. Und »Psycho«, weil diese Verhaltensweisen in uns entstehen und durch die Umstände oder andere Menschen ausgelöst – aber nicht verursacht – werden.

Wenn man etwas bei sich und anderen verändern will, helfen Abwertungen, Belehrungen und moralische Appelle nicht weiter. Man muss erst verstehen, warum man selbst oder andere sich so seltsam verhalten. Es gibt dafür nämlich immer einen guten Grund: Hinter jedem noch so widersinnigen Verhalten steckt für den Betreffenden immer ein handfester Nutzen. Leider kennt der Betreffende diesen Nutzen nicht, weshalb es wenig bringt, den anderen zu fragen, warum er sich wieder so bescheuert verhält. Er wird sagen: »Ich würde ja gerne damit aufhören, aber *es* ist stärker.« Bohren wir weiter, was dieses geheimnisvolle »es« denn sein soll, zuckt derjenige mit den Schultern.

Fragen Sie beispielsweise mal einen notorischen Zu-spät-Kommer, warum er zu Meetings immer unpünktlich eintrifft, andererseits seinen Ferienflieger noch nie versäumt hat. Er wird Ihnen mit blumigen Erklärungen kommen; den wirklichen Grund erfahren Sie nicht. Weil er ihm unbewusst ist, wie der Psychologe dann sagt. Was eine Erklärung ist, aber keine Entschuldigung. Und was einem unbewusst ist, darüber kann man nichts sagen. Oder anders gesagt: *Wir können nicht wissen, was wir nicht wissen.*

Nach der Lektüre dieser 180 Seiten sind Sie in einer besseren Situation. Einiges wird Ihnen bewusst werden – und so werden Sie in der Lage sein, es zu ändern, sofern Sie das wollen. Es ist wie beim Tennis. Solange Sie nicht wissen, wie Sie den Ball immer wieder ins Netz dreschen, können Sie es nicht ändern. *Sie* schlagen den Ball natürlich darüber, aber *er* geht immer ins Netz. Erst wenn Ihnen jemand zeigt, dass Ihre unbewusste falsche Fußstellung oder Ihre Schlägerhaltung dazu beitragen, haben Sie einen Ansatzpunkt.

Lassen Sie mich in den nächsten Tagen und Wochen – je nachdem wie lange Sie für das Buch brauchen – Ihr Coach sein. Nichts anderes mache ich seit fünfundzwanzig Jahren. Aber ich warne Sie: Dies ist kein Buch zum Lesen und Weglegen. Es ist – wenn Sie daraus wirklich Nutzen ziehen wollen – vor allem ein Arbeitsbuch. Mit Fragen, Tests und teilweise ziemlich ungewöhnlichen Experimenten. Dafür enthält es kaum Tipps und Ratschläge. Denn erstens weiß ich auch keine neuen Tipps, die nicht schon irgendwo stehen. Und zweitens mögen Menschen keine Ratschläge. Sie fragen zwar danach, wenden sie aber fast nie an.

Wenn Sie wirklich etwas in Ihrem Berufsleben verändern wollen, wird Ihnen das Buch nützen. Aber ich kann Ihnen nur den Weg weisen, gehen müssen Sie selbst. In den vielen Jahren, die ich mit Menschen arbeite, habe ich übrigens etwas Erstaunliches entdeckt: Die meisten Menschen wollen sich gar nicht verändern. Sie wollen sich nur besser fühlen. Aber sowie es an die ersten Schritte zu einer Veränderung geht, haben sie viele Ausreden.

Sie sind da anders? *Sie* wollen wirklich etwas verändern?

Okay, hier kommt ein erstes Experiment dazu. Machen Sie eines der beiden Dinge, je nachdem, wo Sie sich gerade befinden. Blättern Sie erst danach um. Ich meine es ernst, es ist ein Experiment, mit dem Sie Ihre Veränderungsbereitschaft testen können. Also:

- Stellen Sie sich genau eine Minute auf einen Stuhl.
  oder
- Halten Sie sich genau eine Minute die Ohren zu.

Blättern Sie erst um, wenn Sie eines der beiden Experimente gemacht haben.

Es gibt jetzt drei Möglichkeiten:

1. Sie haben gleich umgeblättert.

   Ihre Erklärung dafür ist irrelevant. Aber wie wollen Sie an Ihrem Verhalten etwas Grundlegendes ändern, wenn Sie dieses einfache Experiment nicht schaffen?

   Weil Sie erst einen guten Grund haben möchten oder eine wissenschaftliche Erklärung, was das bringen soll. Weil Sie gerade keine Lust dazu haben oder wer weiß warum.

2. Sie haben das erste oder zweite Experiment gemacht, aber nicht genau eine Minute.

   Ihre Erklärung ist irrelevant – siehe oben.

3. Sie haben sich auf das erste oder zweite Experiment genau eine Minute eingelassen.

Sie merken schon, dies ist kein übliches Ratgeberbuch. Es wird manchmal unbequem sein. Ich werde Sie hin und wieder konfrontieren. Denn wenn Sie sich verändern wollen, passiert das nicht im Lehnstuhl. Dazu müssen Sie raus aus Ihrer Komfortzone.

Wollen Sie?

Dann fangen wir jetzt an.

Was hinter Ihren beruflichen Problemen steckt

»Der Fisch ist der Letzte, der das Wasser entdeckt«

Das sagte einmal Albert Einstein und beschrieb damit sehr anschaulich, dass wir für das Alltägliche blind sind. Würden wir einen Fisch fragen, wie er denn heute das Wasser so fände, würde er uns verständnislos anschauen: *»Was meinst du mit Wasser?«* Auch unsere Antwort *»Na, das Nasse da, in dem du schwimmst«* würde dem Fisch nicht weiterhelfen.

Das wäre erst möglich, wenn wir den Fisch schnappten und ihn auf den Strand legten, von wo er uns dann nach Sauerstoff japsend hilflos anschaute und wir ihm erklärten: *»Das vorhin, wo du vorhin drin warst, das war Wasser.«*

Gerade für das Gewohnte, das Naheliegende sind wir blind. Was uns täglich umgibt, können wir nicht hinterfragen, weil wir es nicht erkennen. Oder wie empfinden Sie heute die Schwerkraft?

Erst das Herausnehmen aus dem gewohnten Bezugsrahmen und das damit verbundene Erleben eines Unterschiedes lässt uns das Gewohnte überhaupt erkennen:

- Erst wer nach vielen Jahren das Rauchen aufgegeben hat, erlebt, dass man auch ohne Rauch tiefe Atemzüge machen kann und was ihm in den zurückliegenden Jahren alles an Geschmack entgangen ist.
- Wer vier Wochen in Indien war, sieht das Leben hier und worüber wir uns Sorgen machen mit anderen Augen.
- Wer das Experiment mit seiner Familie gewagt hat, vier Wochen den Fernseher in den Keller zu stellen, staunt über die vielen Möglichkeiten, gemeinsam einen Abend zu verbringen.

■ Erst wer längere Zeit die Schwerelosigkeit in einer Raum-
station erlebt hat, kann nach seiner Rückkehr auf die Erde
spüren, was mit Schwerkraft gemeint ist.

Was für den Fisch das Wasser, sind für uns auch die eigene
Sprache sowie die Regeln unseres Kulturkreises – und natürlich unsere Persönlichkeit und die damit verbundenen Möglichkeiten, aber auch die damit verbundenen Einschränkun-
gen.

Beispiel Pünktlichkeit:
Genau genommen gibt es ja keine Zeit. Wer anderes glaubt,
kann nachlesen bei Karlheinz Geißler (siehe Buchempfehlungen, Seite 175). Doch in vielen Kulturen haben die Menschen die Zeit – was immer das ist – verdinglicht. In west-
lichen Kulturen gilt die Definition »Zeit ist Geld«. Deswegen
benutzen wir so unsinnige Wendungen wie »Zeit sparen«,
»Zeit verlieren« oder »Zeit totschlagen«. Doch soll dies kein
philosophischer Essay werden, deshalb meine persönliche
Frage an Sie:
  »Sind Sie zu Meetings meistens pünktlich?«
  Wenn Ihre Antwort »Nein« ist, dann frage ich Sie: »Wie
machen Sie das?«
  Wenn Ihre Antwort »Ja« ist, dann habe ich dieselbe Frage
an Sie: »Wie machen Sie das?«
  Vielleicht haben Sie jetzt eine gute Erklärung parat, dass
Sie so viel Stress haben, die Termine so eng sind oder Sie
stets genug Pufferzeit einplanen etc. Aber aus meiner Er-
fahrung hat es damit wenig zu tun, ob Sie regelmäßig ein paar
Minuten zu spät zum Meeting erscheinen oder schon eine
Viertelstunde vorher mit geordneten Unterlagen im Raum
auf die anderen warten.
  Fast alle Menschen sind nämlich pünktlich unpünktlich.
Damit meine ich: Es gibt Menschen, die regelmäßig drei bis
fünf Minuten zu spät zu einem vereinbarten Termin erscheinen. So wie es Menschen gibt, die mindestens fünfzehn Mi-

nuten später auftauchen. Immer mit einer guten Erklärung. So wie es Leute gibt, die fast immer schon eine Viertelstunde vorher da sind. Natürlich auch mit einer guten Begründung.

Wenn Pünktlichkeit oder Unpünktlichkeit etwas mit mangelnder Orientierung über die Zeit zu tun hätte, dann müsste sich das ja statistisch verteilen. Die meisten Menschen würden mal drei Minuten, mal zehn Minuten zu spät auftauchen. Aber auch mal fünf oder zehn Minuten zu früh. Und manchmal müssten sie genau pünktlich da sein.

Dem ist aber nicht so. Fast alle Menschen sind pünktlich unpünktlich.

Ganz nebenbei: Pünktlichkeit oder Unpünktlichkeit gibt es natürlich nicht in der Wirklichkeit. Denken Sie an den Fisch. Wenn hierzulande Leute etwas zu bereden haben, vereinbaren sie: »Wir treffen uns Punkt 19 Uhr im Vereinslokal.« Das finden wir praktisch und irgendwie klappt es ja auch mit den oben beschriebenen Abweichungen von Punkt 19 Uhr.

Aber es gibt auch Kulturen, in denen man, wenn man miteinander etwas zu besprechen hat, vereinbart: »Wir treffen uns bei Sonnenuntergang am Flussufer.« Bei einer solchen Übereinkunft ist es natürlich schwierig, pünktlich oder gar unpünktlich zu sein, weil nicht genau zu bestimmen ist, wann Sonnenuntergang ist. Was uns westliche Menschen mit unserer sekundengenauen Digitaluhr nachdenklich machen könnte: Die Vereinbarung mit dem Sonnenuntergang funktioniert auch prima.

Die spannende Frage lautet jetzt: »Woher kommt Ihr Pünktlichkeitsverhalten?«

Die These dieses Buches ist, dass viele unserer Verhaltensweisen im Beruf mit erlernten Überzeugungen und Verhaltensweisen aus der Herkunftsfamilie herrühren. Daran ist viel Gutes. Aber es gibt auch Verhaltensweisen, die wir an uns selbst oder unserem Verhalten nicht gut finden.

Hierzu ein paar Fragen:

- Welchen Wert spielte Pünktlichkeit in Ihrem Elternhaus?
- Verhielten sich Ihre beiden Eltern in Bezug auf Pünktlichkeit ähnlich oder gab es Unterschiede?
- Was passierte, wenn Sie sich als Kind oder Jugendliche mal verspäteten?
- Konnten Sie bei einer Verspätung den wahren Grund sagen oder griffen Sie zu einer Lüge?
- Wenn Sie Ihr Pünktlichkeitsverhalten damals und heute vergleichen – ist es eher ähnlich oder ganz anders?

Theoretisch ist vielen Menschen vielleicht klar, dass unsere Persönlichkeit stark von Beziehungserfahrungen in Kindheit und Jugend geprägt ist. Da sind wir schon etwas weiter als der Fisch. Aber wie sehr unsere Persönlichkeit und unsere ungelösten Konflikte unser tägliches Berufsleben und das Zusammensein mit anderen Menschen prägen und beeinflussen, wissen die meisten Menschen nicht oder weisen es weit von sich. Mit dem Satz »Ich bin eben ein impulsiver Mensch«, rechtfertigt der eine seine unkontrollierten Wutausbrüche. Mit der Begründung »Was so lange her ist, kann doch keinen Einfluss mehr auf die Gegenwart haben«, bezweifelte eine Seminarteilnehmerin den Zusammenhang zwischen ihrem unterwürfigen Verhalten im Beruf und ihrem autoritären Vater.

Doch wie ändert man solche jahrzehntelangen Einstellungen und Gewohnheiten? Gutmeinende Freunde geben einem gerne gute Tipps. Doch diese umzusetzen, mag oft nicht gelingen. Warum ist das so? Wenn man etwas verändern will, muss man erst herausfinden, wie man den unerwünschten Zustand herstellt, lautet sinngemäß eine Erkenntnis von Moshe Feldenkrais.

Wer heute über Stress klagt, erntet meist ein verständnisvolles Kopfnicken. Doch mit dem Stress ist es wie mit der Zeit. Es gibt ihn nicht wirklich und auch dann nicht, wenn wir dauernd davon reden. Wer auf der Autobahn im Stau stecken bleibt und seinen Termin versäumt, erlebt Stress. Aber wo kommt der her? Von den anderen Autos, von der verstreichenden Zeit? Sicher nicht, wer im Stau stecken bleibt, erlebt erst einmal eine Situation. Den Stress dazu muss man sich schon selbst machen. Meist in Form von Katastrophenfantasien und wüsten Beschimpfungen auf die Regierung, die zu wenig Autobahnen baut, und all die anderen Idioten, die gerade die Straße verstopfen. Doch auch im Stau gibt es immer wieder andere Fahrer, die den Stau als Pause nutzen, eine schöne CD einlegen, sich entspannen usw.

Also, denken Sie daran: Wenn Sie das nächste Mal in Terminnot sind oder aus der Haut fahren wollen: es gibt nur Situationen – aber keinen Stress.

Diesen Beobachtungsabstand zu sich selbst, quasi einen Blick aus der Meta-Perspektive, will ich Ihnen auf den folgenden Seiten immer wieder ermöglichen. Doch dazu muss ich Ihnen erst etwas über Landkarten, Ihren inneren Autopiloten und Autobahnen in Ihrem Gehirn erzählen.

Wie unsere Psyche funktioniert

Vor über dreißig Jahren hörte ich von dem amerikanischen Hypnotherapeuten Jeff Zeig während eines Workshops erstmals einen Satz zu unserem Verhalten, der mich elektrisierte und der mich seither durch mein Leben begleitet. Wir befassten uns mit einem Dilemma, das jeder Mensch hat: Wir müssen uns in jedem Moment, in dem wir wach sind, in der Realität – also dem Leben! – verhalten. Das Wort »verhalten« hat, egal ob als Tun-Wort oder Haupt-Wort, nämlich kein Gegenteil. Aber andererseits wissen wir gar nicht, wie dieses Leben oder die Realität eigentlich beschaffen ist.

Halten wir noch einmal fest: Niemand kann sich nicht verhalten. Wir müssen uns in jeder Sekunde, in der wir wach sind, in Interaktion mit der Realität verhalten. Realität ist alles, sind alle Situationen mit oder ohne Menschen. Und dabei wissen wir gar nicht, wie die Realität und wie andere Menschen sind!

So können wir nicht existieren, geschweige denn leben. Die Lösung, die Menschen gefunden haben, ist: Wir machen uns ein Bild von der Realität. Ein Bild im Kopf. Damit fingen schon die Menschen in der Urzeit an, machten sich in Höhlenzeichnungen Abbilder von dem Tier, das sie fangen wollten. Jeder von uns hat heute Millionen Bilder im Kopf, von all dem, was wir kennen. Das ist sehr praktisch, sonst würden wir morgens unseren Partner nicht erkennen oder abends nicht den Weg vom Büro nach Hause. Man kann diese Bilder auch als Landkarten bezeichnen. Denn sie sind nicht nur ein Bild, sondern enthalten auch Strategien, weisen uns den Weg.

Hier ein Beispiel dafür, was ich mit »Landkarte« meine und welche Wirkung diese Landkarten haben:

> *Der ersten weiblichen Moderatorin einer Sportsendung im deutschen Fernsehen, Carmen Thomas, passierte am 21. Juli 1973 ein Versprecher, als sie sagte: »FC Schalke 05 gegen – jetzt hab ich's vergessen – Standard Lüttich.« Die Bild-Zeitung brachte die Geschichte mehr als zwei Wochen später auf den Titel und forderte ihre Entlassung.*

Aus einer falschen Zahl – für Nicht-Fussball-Interessierte: der Verein heißt Schalke 04 – wird geschlossen, dass eine Frau ungeeignet ist, eine Sportsendung zu moderieren.

Jetzt kommt der Satz, der mich vor dreißig Jahren so beeindruckt hat. Oder hatten Sie das schon vergessen? Der Satz lautet:

Die Landkarte ist nicht die Landschaft.

Die Landkarte enthält wichtige Elemente der Landschaft – aber die Landschaft, also die Wirklichkeit, ist natürlich unendlich vielfältiger als jede Landkarte, und sei ihr Maßstab noch so groß.

Natürlich werden Sie mir zustimmen. Der Stadtplan von Berlin enthält nur einen winzigen Bruchteil der Informationen, die Deutschlands Hauptstadt umfasst. Aber es geht ja hier auch nicht um Landkarten in Form von Stadtplänen, Atlanten oder Navigations-Software. Es geht um all die inneren Bilder in meinem und Ihrem Kopf, genauer gesagt Gehirn, mit denen wir uns täglich in der Welt zurechtzufinden suchen.

Denn auch für diese inneren Bilder gilt: *Die Landkarte ist nicht die Landschaft.* Die Speisekarte ist nicht das Gericht, das uns der Ober letztlich serviert. Egal ob Sie einen Schweinebraten mit Knödeln bestellen oder den Dialog vom Seeteufel mit Spargelsalat an Kaperndressing: Sie wissen nicht wirklich, was der Ober Ihnen bringen wird, bestellen müssen Sie aber anhand der »Landkarte« in Ihrem Gehirn.

Also, es geht nicht ohne diese mentalen Landkarten. Sie helfen Ihnen, nachts bei völliger Dunkelheit den Weg aus dem Bett aufs Klo zu finden, ohne irgendwo anzustoßen. Morgens auf der Autofahrt ins Büro telefonieren Sie mit Ihrem Kollegen über ein schwieriges Problem. Doch wer steuert den Wagen, bedient die Kupplung, achtet auf die Ampel an der Kreuzung? Sie nicht, Sie sind ja auf das Gespräch konzentriert. Den Wagen steuert Ihr »Autopilot«, also die Ansammlung Ihrer »Landkarten« über Bedienung eines Kraftfahrzeugs, Weg ins Büro usw. Erst wenn eine Umleitung kommt, ist Ihr Autopilot überfordert. Das merken Sie daran, dass Sie schnell das Telefonat beenden und sich auf die Umleitungsschilder konzentrieren müssen.

Der wichtige Nutzen von Landkarten und dem Autopiloten ist also, dass sie uns helfen, die Komplexität der Realität zu reduzieren. Das ist für Routineaufgaben sehr nützlich. Wenn man weiß, wie man den Autopiloten abschaltet.

»Kommen Sie mir nicht mit Tatsachen. Ich habe mir meine Meinung schon gebildet«, sagte der Vorstandsvorsitzende.

Wann wir Probleme kriegen

Die Landkarte ist nicht die Landschaft. Probleme im Leben bekommen wir immer dann, wenn wir diesen Satz vergessen und davon überzeugt sind, dass unsere Landkarte nicht unser subjektives Bild von der Wirklichkeit ist, sondern die Wirklichkeit. Menschen sagen dann meist so Sätze wie

- »Aber so ist es doch!«
- »Ich habe es mit eigenen Augen gesehen.«
- »So ist es doch im Leben.«

In dieser Weise zu sprechen, ist natürlich menschlich. Ich sage so etwas auch hin und wieder. Aber spätestens wenn wir in der Wirklichkeit Probleme bekommen, ist es nützlich, sich an diesen Satz zu erinnern: *Die Landkarte ist nicht die Landschaft.*

Die Wirklichkeit hat immer recht, weil sie stärker ist. Die Realität richtet sich nicht nach unseren Plänen, Erwartungen oder Wünschen. Wenn also unsere Landkarte nicht von der Wirklichkeit bestätigt wird, ist immer unsere Landkarte falsch, niemals die Realität.

Wenn der Satz so dasteht, stimmen Sie natürlich zu. Aber im Alltag vergessen wir den Satz mehrmals am Tag. Und haben prompt ein kleines oder größeres Problem. Jede Mutter kennt die Situation, dass fünf Kinder zehn verschiedene Versionen dazu haben, wer nun den Ball ins Aquarium geschossen hat.

- Wie oft haben Sie etwas gesucht und dreimal an derselben Stelle nachgeschaut, obwohl Sie schon beim ersten Mal bemerkt haben, dass es da nicht ist?
- Haben Sie schon einmal in einem Restaurant etwas bestellt und etwas bekommen, was so gar nicht Ihrer Vorstellung entsprach?
- Wenn Sie gemeinsam einen Film anschauen und Ihr Partner findet den Film langweilig und Sie gut – wer hat dann recht und wie ist der Film denn nun »wirklich«?

Probleme im Leben bekommen wir immer dann, wenn wir vergessen, dass das Bild, das wir uns von der Realität machen, nie ganz der Realität entspricht. Aber da wir die Wirklichkeit nicht erkennen können, müssen wir uns diese »Bilder« machen. Es geht nicht anders. Das ist das menschliche Dilemma. Zum Glück betrifft es alle Menschen gleichermaßen, wenn Sie das tröstet.

Jeder von uns hat einen Autopilot

Die Funktion von Landkarten ist es, uns zu helfen, uns in der Realität zurechtzufinden. Deshalb haben wir für alles, was wir kennen, Landkarten. Wofür wir keine Landkarten haben, das (er)kennen wir nicht. Beispiele:

> *Zur Behebung der angespannten Finanzlage des Heidelberger Zoos kam der Direktor auf die Idee, den Schimpansen Leinwand und Farbe in den Käfig zu legen. Die dabei entstandenen Bilder verkaufte man an Freunde des Zoos.*
>
> *Nicht auszudenken, wenn eines der Bilder unter einem Pseudonym mit dem Zusatz »Junger, noch unbekannter Künstler aus der Ukraine« einem Galeristen angeboten worden wäre.*

> *Wenn Sie einen ungeschliffenen Diamanten als Wertanlage kaufen wollen, verlassen Sie sich beim verlangten Preis auf das Echtheitszertifikat. Denn ohne solide Kenntnis könnten Sie nicht prüfen, ob die angebotenen Steine wirklich Diamanten sind oder billiges Glas.*

Ohne innere Landkarten geht es nicht. Vertraute Landkarten funktionieren wie ein Autopilot. Er leitet uns, ohne dass wir groß nachdenken müssen. Wir können stattdessen etwas ganz anderes tun. Sie können beim Essen lesen, weil Ihr Löffel den Weg vom Teller zum Mund »allein« findet. Wer ein kleines Kind dabei beobachtet, wie es das die ersten Male lernt, bekommt eine Ahnung, dass das gar nicht so einfach ist. Deshalb fordert Sie die Polizei zum Überprüfen Ihrer Fahrtüchtigkeit ja auch auf, mit dem ausgestreckten Zeigefinger bei geschlossenen Augen Ihre Nasenspitze zu treffen. Sind Sie nüchtern, haben Sie guten Zugriff zu dieser Landkarte. Mit ein paar Promille Alkohol ist diese Landkarte in Ihrem Gehirn nicht mehr auffindbar und Ihr Zeigefinger verrutscht in Ihrem Gesicht.

Den inneren Autopiloten kann man sich als eine Sammlung von mentalen Landkarten vorstellen, die uns so vertraut sind, dass wir uns verhalten können, ohne darüber nachdenken zu müssen. Das hat enorme Vorteile.

> *Wer sich einen neuen Fernseher gekauft hat, muss sich erst mit der Fernbedienung auseinandersetzen. Einige Tasten sind selbsterklärend. Die meisten jedoch nicht. Nach einigen Tagen oder Wochen haben wir eine innere Landkarte von dieser Fernbedienung erworben und können sekundenschnell hin- und herschalten.*

Wir übertragen Kindheitsmuster auf den Beruf

> *Montagmorgen. Der Chef kommt ins Großraumbüro, hinter ihm zwei neue Mitarbeiter: Herr Jovial und Frau Abwarter. Nach kurzer Begrüßung und der Vorstellung der beiden verlässt der Chef wieder das Büro. Was passiert jetzt?*
>
> *Herr Jovial geht sofort auf einige Kollegen zu und beginnt ein zwangloses Gespräch. In der Frühstückspause geht er mit zwei Kollegen, die er dabei etwas kennenlernt, in die Cafeteria. Frau Abwarter setzt sich erst einmal an ihren Schreibtisch, räumt ihre Unterlagen ein und macht sich mit dem PC und den diversen Programmen vertraut. In die Frühstückspause geht sie allein. Als sie dort einige Kollegen fragen, ob sie nicht an ihren Tisch kommen wolle, reagiert sie reserviert und ist etwas erleichtert.*

Die Szene ist für beide neue Kollegen gleich. Sie werden ihrem zukünftigen Team vorgestellt. Doch wie sie sich verhalten, unterscheidet sich beträchtlich. Beide Verhaltensweisen sind per se erst mal weder richtig noch falsch. Es hat aber Konsequenzen, welchen ersten Eindruck sie damit bei den Kollegen hinterlassen. Mir kommt es hier jedoch auf etwas anderes an: Würde man Herrn Jovial und Frau Abwarter fragen, warum sie sich so verhalten, hätten beide bestimmt gut klingende Erklärungen. Aber eine wirkliche Wahl treffen sie wahrscheinlich nicht. Würde man Herrn Jovial empfehlen, erst mal abzuwarten und seinen Schreibtisch einzuräumen, würde er das vermutlich als unwichtig und unpassend empfinden. Und auch Frau Abwarter wäre über unsere Empfehlung, doch gleich mal Kontakt mit den neuen Kollegen zu suchen, nicht sehr glücklich. »Ich mache so was nicht. Das ist mir fremd«, würde sie wohl antworten, wenn man sie danach fragte.

In Wahrheit greifen beide in dieser neuen, unbekannten Situation auf ihren inneren Autopiloten zurück, auf ihre Verhaltenslandkarten zum Thema *»Erster Tag im Team«*. Bei Herrn Jovial rät die Landkarte: »Das Wichtigste ist, erst mal mit vielen Leuten Kontakt zu knüpfen.« Bei Frau Abwarter heißt ihr Tipp: »Das Wichtigste ist, sich erst mal mit der Umgebung und der Technik vertraut zu machen, alles andere ergibt sich.«

Fragen an Sie

- Was würden Sie in einer solchen Situation tun?
- Hätten Sie Zugriff auf beide Möglichkeiten?
- Wenn nein, warum nicht?

In einer solchen Situation wie dem ersten Tag im Büro können Sie sich nicht »neutral« verhalten oder »richtig«. Denn Sie können nicht wissen, was »richtig« sein könnte. Aber Sie müssen sich irgendwie verhalten. Und Ihr Verhalten muss auch irgendwie zu Ihnen und Ihrer Persönlichkeit passen.

Aus diesem Dilemma hilft Ihnen Ihr Autopilot. Indem er Ihnen jene Strategien »vorschlägt«, die für Sie seit Jahren erprobt sind. Einige dieser Strategien sind ziemlich alt, weil Sie sie in Ihrer Kindheit und Jugend ausprobiert und entwickelt haben.

»Wir sind hier eine große Familie!«

Diesen Satz hört man immer wieder in Institutionen oder Unternehmen, wenn das besonders gute Betriebsklima betont werden soll. Vor allem patriarchalisch geführte Familienunternehmen oder Traditionskonzerne schmücken sich gern mit diesem vermeintlich positiven Prädikat. Manchmal wird der Satz auch beschwörend verkündet, wenn Einsparmaßnahmen oder schwierige Entscheidungen anstehen. Damit soll dann ausgedrückt werden, dass es in Familien auch mal schwierige Zeiten gibt – und dass man dann nicht wegläuft, sondern zusammensteht.

Andererseits erleben gerade in Krisenzeiten viele Menschen, dass die »Familienzugehörigkeit« in einer Firma auch schnell beendet sein kann und Arbeitnehmer in Kurzarbeit gehen müssen oder gar entlassen werden.

Auch Angestellte bedienen sich zuweilen der Familien-Metapher, wenn sie ihren Arbeitsplatz beschreiben. Manche wollen damit ausdrücken, wie stark sie sich mit dem Unternehmen identifizieren und wie hier im Gegensatz zu anderen Unternehmen einer für den anderen einsteht. Für andere ist das Team ein Familienersatz, weshalb sie auch den Arbeitsplatz mit Zimmerpflanzen und Urlaubsfotos zu ihrem zweiten Zuhause gestaltet haben.

Wir sind hier eine große Familie? Der Satz ist natürlich Unsinn.

Eine Firma sucht man sich aus und kann sie auch wieder verlassen, wenn es einem woanders – aus welchen Gründen auch immer – besser gefällt. Eine Familie sucht man sich nicht aus – und man kann sie auch nicht verlassen. Selbst dann nicht, wenn man sich das wünscht oder gar als Erwachsener durch Kontaktabbruch versucht.

Dennoch hat die eigene Herkunftsfamilie viel mit dem Berufsleben zu tun. Aber ganz anders, als der obige Satz meint: Jeder von uns begegnet im Berufsleben Konflikten und Verhaltensmustern aus der Kindheit und Jugend wieder. Oder aktiver ausgedrückt: Im Beruf reinszenieren wir bestimmte Konflikte und Dramen, die wir ursprünglich in der Herkunftsfamilie erlebten. Die dort gefundenen Überlebensstrategien wenden wir, unbewusst meist, auch im Beruf an.

Das ist manchmal förderlich, aber in den meisten Fällen hinderlich und störend. Dann fühlen wir uns im Team plötzlich ausgegrenzt oder ungerecht behandelt. Oder wir sind in eine ungesunde Rivalität mit einer Kollegin verstrickt und können nicht aufhören. Da bringt man immer bessere Leistungen, könnte es mal ruhiger angehen lassen und kommt doch aus dem Hamsterrad der Anerkennungssuche nicht heraus. Oder einer hat immer wieder Probleme mit dem Chef und deswegen schon dreimal die Firma gewechselt. Da wird man ausgenutzt, nicht anerkannt, macht Dutzende von Überstunden – und die Kolleginnen kommen nicht auf die Idee, einem mal Unterstützung anzubieten.

All das hat sehr viel mit der eigenen Familie zu tun, mit den unbewussten Psychofallen, in denen wir uns leicht verfangen, weil unser heutiger Job-Alltag und das Leben in unserer Herkunftsfamilie gar nicht so weit auseinanderliegen, wie wir meinen.

Das Gemeinsame von Beruf und Familie

Das Übertragen von Gefühlen und Konflikten aus der Herkunftsfamilie in berufliche Situationen geschieht natürlich unwillkürlich und unbewusst. Dieses Übertragen wird erleichtert, weil beide Bereiche wichtige Gemeinsamkeiten aufweisen.

In beiden Bereichen sucht man sich die Personen nicht aus
Unsere Eltern suchen wir uns nicht aus. Wir werden in eine Familie hineingeboren. Auch unsere Geschwister suchen wir uns nicht aus.

Die ersten sechs Wochen war die vierjährige Melanie völlig begeistert von dem Neugeborenen. Sie bestaunte ihren kleinen Bruder, scherzte mit ihm und wollte ihn dauernd herumtragen. Nach einiger Zeit kühlte die Begeisterung merklich ab und eines Tages fragte Melanie: »Können wir den Kleinen wieder zurückschicken? Oder wenigstens gegen ein Meerschweinchen umtauschen?«

Im Beruf ist es ähnlich. Manchmal, wenn man sich bei einer kleinen Firma bewirbt, bekommt man im ersten Gespräch einen guten Eindruck vom Chef und wird vielleicht auch dem Team vorgestellt. Doch in größeren Unternehmen ist dies seltener möglich. Und da bei einer Vorstellung meist alle ein freundliches Gesicht machen, bringt dies auch wenig Informationen.

Und ohnehin kann sich die Zusammensetzung der Abteilung jederzeit ändern. Entweder, weil ein neuer Vorgesetzter kommt, die Kollegen wechseln oder weil man selbst in eine andere Abteilung versetzt wird. In Herkunftsfamilie wie im Beruf besteht also – anders als im Bekannten- oder Freundeskreis – die Ungewissheit, dass man sich die Menschen nicht aussuchen kann.

Man muss täglich mit den Menschen auskommen

Freunde kann man sich aussuchen. Und in der Regel überlegt man sich auch sehr genau, mit welchem befreundeten Paar man zum Beispiel einen zweiwöchigen Urlaub verbringt. Und ist vielleicht danach froh, dass man wieder etwas Abstand voneinander nehmen kann.

In der Herkunftsfamilie ist es wie im Beruf. Man sieht sich – mit nur kurzen Unterbrechungen – täglich viele Stunden und muss miteinander auskommen. Den ganzen Tag gibt es immer wieder Situationen, wo man aufeinandertrifft, miteinander Zeit verbringt. Darunter sind schöne Stunden, aber unausweichlich gibt es auch Konflikte. Jemand kritisiert einen. Zwei verbünden sich gegen einen. Der Vorgesetzte äußert massive Kritik an unseren Arbeitsergebnissen. Eine Kollegin ist faul und Sie müssen ihre Arbeit mitmachen. Erschwerend kommt noch etwas hinzu:

Man kann nicht ohne Weiteres das Feld verlassen
Obwohl die Trennungs- und Scheidungsquote bei Paaren mittlerweile jedes Jahr zunimmt, ist dieser Weg ja nur die letzte Möglichkeit. Wenn Kinder da sind oder ein Partner finanziell stark vom anderen abhängig ist, fällt dieser Schritt noch schwerer.

Im Beruf ist es ähnlich. Bei großen Schwierigkeiten kann man sich in einem großen Unternehmen in eine andere Abteilung versetzen lassen.

Auch kann man kündigen, doch lässt sich diese Möglichkeit nicht allzu oft nutzen, wenn man mit seinem Lebenslauf nicht negativ auffallen will.

Man ist abhängig
In der Herkunftsfamilie ist das kleine Kind körperlich und psychisch völlig von den Eltern abhängig. Wird das Kind älter, verringert sich diese Abhängigkeit jedes Jahr ein klein wenig. Doch Vierzehnjährige, die sich in der Pubertät vom Elternhaus lösen wollen und müssen, spüren diese Abhängigkeit oft schmerzlich. Und auch wer volljährig geworden ist und vielleicht während des Studiums ganz oder teilweise finanziell unterstützt wird, erlebt diese Abhängigkeit – mehr oder weniger stark, je nachdem, wie streng und begrenzend die Eltern sie ausüben. Und es gibt viele Erwachsene, für die die Abhängigkeit von den Eltern ein Lebensthema bleibt.

Im Beruf ist es nicht anders. Zwar längst volljährig, muss man meist – wie früher beim Taschengeld – um eine Erhöhung des Gehalts bitten. Dieser Bitte kann entsprochen werden, sie kann aber auch mit guten Gründen oder aus reiner Willkür abgelehnt werden. Wann man in Urlaub geht, muss man meist mit den Kollegen abstimmen und zusätzlich »den Urlaubsantrag« vom Vorgesetzten abzeichnen lassen.

Auch wann, mit wem und wie viel man arbeiten muss, kann im Einzelfall angeordnet werden. Kein Wunder, dass es über Freiberufler den Spruch gibt: »Selbstständige sind Menschen, die freiwillig zwölf Stunden arbeiten, um nicht acht Stunden unter einem Vorgesetzten arbeiten zu müssen.«

Will man zum Arzt, muss man ein Attest mitbringen oder einen halben Tag Urlaub nehmen. Auch andere wichtige Besorgungen müssen meist in die Freizeit verlegt werden.

> *Nicht jeder hat die Chuzpe, wie jener Polizist, den ich vormittags mit Uniform beim Friseur traf. Darauf angesprochen, ob es denn erlaubt sei, während seiner Arbeitszeit sich die Haare schneiden zu lassen, antwortete er gelassen: »Wieso? Sie wachsen doch auch während der Dienstzeit.«*

Beruf und Familie sind Orte mit starken positiven und negativen Gefühlen

In der Familie erleben wir freudige Momente, in denen wir uns sicher und geborgen fühlen. Wo wir spüren, dass wir geliebt werden, dass man auf uns stolz ist, dass wir dazugehören. Doch jeder kennt auch Situationen aus seiner Kindheit und Jugend, wo wir uns wünschen, wir wären woanders. Anlass kann ein schlechtes Zeugnis sein oder die übermäßig strenge Reaktion des Vaters auf einen harmlosen Streich. In vielen Familien gehörten früher – und leider auch noch heute – körperliche Strafen zu den Erziehungsmitteln.

Auch im Beruf gibt es laufend Situationen, in denen wir starke Gefühle erleben. Auch hier kann man sich im positiven Fall morgen auf die Bürogemeinschaft freuen, in der man einen wichtigen Platz einnimmt. Aber ebenso kann eine Mitarbeiterin andauernd Streit mit ihrer Vorgesetzten und deshalb schon morgens während der Fahrt ins Büro Magenschmerzen haben. Und in seinem Team gemobbt zu werden und keinen Rückhalt zu erfahren, gehört mit zu den schlimmsten Erfahrungen, die man am Arbeitsplatz erleben kann.

In all den aufgezählten Situationen müssen wir uns verhalten, brauchen wir Strategien, um mit dem, was gerade ist, fertig zu werden. Wenn einen die Situation gefühlsmäßig packt, ist es meist nicht möglich, in Ruhe zu überlegen, verschiedene Verhaltensalternativen abzuwägen und dann zu entscheiden. Wir müssen aus dem Augenblick heraus handeln. Und dabei hilft uns immer der eigene Autopilot.

Im Autopilot gibt es eine Abteilung, in der die »Überlebensstrategien« verwahrt werden. Das sind Verhaltensweisen, die wir in der Vergangenheit ausprobiert haben und die sich für das psychische, manchmal auch das körperliche Überleben am besten bewährt haben. Auf diese Verhaltensweisen greift unser Autopilot zurück, weil sie damals ohne Verfallsdatum gespeichert wurden.

Die Geschwisterposition als innerer Kompass

Die frühen Beziehungserfahrungen mit Eltern und Geschwistern sind grundlegend dafür, wie wir als Erwachsene heute mit Menschen umgehen. Denn damals wurden wir täglich mit Situationen konfrontiert, die wir bewältigen mussten. Damals probierten wir aus, was »im Leben« funktioniert und was nicht. Damals erprobten wir, was wir uns erlauben können, wo wir an Grenzen stoßen und welche Konsequenzen unser Verhalten erfährt.

Im Supermarkt beobachte ich ab und zu folgende Szene: Ein Elternteil hat den Einkauf abgeschlossen und strebt mit dem Einkaufswagen von der Kasse Richtung Ausgang. Der Vierjährige hat noch etwas Spannendes entdeckt und will nicht mit. Die Mutter oder der Vater probieren es mit Aufforderungen unterschiedlicher Dringlichkeit. Aus einem »Komm jetzt!« wird ein »Mama muss jetzt kochen, komm endlich!«. Das Kind will nicht, setzt sich vielleicht sogar trotzig auf den Boden.

In ihrer Not greifen jetzt viele Eltern nach ihrem letzten

Mittel. Einige geben dem Kind eine Ohrfeige oder einen Klaps. Andere rufen dem Kind zu: »Ich geh jetzt!« Das Kind ist erst irritiert, dann erschreckt. Wenn die Mutter oder der Vater sich wirklich entfernt, rennt das Kind schreiend hinterher.

Dieses Buch ist kein Erziehungsratgeber und ich will die Szene auch nicht bewerten. Es geht mir vielmehr darum zu zeigen, mit welchen prägenden Situationen wir alle aufgewachsen sind. Entscheidend für unsere Erfahrungen, wie »es in der Welt zugeht« und wie wir damit zurechtkommen müssen. Was das Kind – wenn sich diese Szene öfters wiederholt – in diesen Situationen »lernt«, wissen wir nicht genau. Denkbar sind folgende Schlussfolgerungen:

- Meine Wünsche sind unwichtiger als deine.
- Wenn ich etwas anderes will als der andere, gibt es Streit.
- Ich muss nachgeben, sonst geht die Beziehung kaputt.

Natürlich *denkt* das Kind so nicht. Seine Empfindungen und Interpretationen bestehen in diesem Alter meist noch ohne Worte. Aber sie sind da. Interessanterweise treffe ich auf die drei obigen Schlussfolgerungen oft bei Erwachsenen im Coaching. Nämlich wenn ich diese frage, warum sie sich gegen eine ungerechte Entscheidung nicht wehren. Oder warum sie ihren Ärger über einen Kollegen, der ihre Ideen als seine verkauft, nicht äußern.

Prägende Beziehungserfahrungen macht man in der Familie nicht nur mit den Eltern, sondern auch mit Geschwistern, Lehrern und anderen wichtigen Menschen.

Eine Achtjährige bekommt fast jedes Mal, wenn sie rausgehen will zum Spielen mit ihren Freundinnen, den Auftrag: »Aber nimm deinen kleinen Bruder mit und pass auf ihn auf.«

In emotional belastenden Situationen suchen wir instinktiv nach Strategien, um damit fertig zu werden. Als Erwachsener kann man abwägen, sich mit dem Partner oder Freunden beraten – kurz, sich Wahlmöglichkeiten eröffnen. Theoretisch jedenfalls. Allzu oft handelt man auch hier unbewusst und wundert sich hinterher, warum man nicht anders reagierte.

Als wir Kinder waren, gab es auch viele emotional schwierige Situationen. Aber als 4- oder 7-Jährige setzt man sich nicht hin und überlegt verschiedene Optionen. Man kann auch schlecht mit einem Geschwister oder Spielkameraden auf dem Spielplatz reden, wie die so handeln würden. Man braucht sofort eine psychische Überlebensstrategie.

Diese Überlebensstrategien verinnerlichen wir automatisch; sie sinken ins Unbewusste hinab. In Situationen im Erwachsenenleben greifen wir automatisch wieder darauf zurück. Diese Strategien sind deshalb schwer zu ändern. Und es gibt weitere Gründe, warum wir sie immer wieder einsetzen:

- Die Strategien haben sich bewährt. Wir kennen genau die Folgen und den Preis.
- Wir haben keine anderen entwickelt, die ähnlich gut funktionieren.
- Neue Strategien sind zu gefährlich, weil sie erst einmal ausprobiert werden müssten.

Andererseits: Ihre Strategien, die auf diesen Landkarten beruhen, sind heute alt: zwanzig, dreißig, vierzig Jahre alt. Und Sie haben sie nie aktualisiert. Würden Sie in eine fremde Stadt fahren mit einem Uralt-Stadtplan? Natürlich nicht.

Dass Sie Ihre inneren Überlebensstrategien bis jetzt nicht aktualisiert haben, ist kein Vorwurf. Sie konnten es gar nicht. Denn Sie kennen Ihre Landkarten ja nicht genau.

In diesem Buch möchte ich Sie deshalb immer wieder auf eine *Reise in Ihre Vergangenheit einladen.* Damit Sie sich

Stück für Stück an jene Situationen erinnern, in denen diese Landkarten und Strategien entstanden sind. **

Denn damals waren diesen Strategien sinnvoll und vermutlich auch die einzigen, die Ihnen zur Verfügung standen. Aber heute sind Sie erwachsen. Und Sie können neue Optionen überlegen. Das geht aber nicht in der Theorie. Sie müssen sich dazu mit dem beschäftigen, warum Sie heute so sind, wie Sie sind.

** ◉ Dazu gibt es für Sie unter diesem Link auf meinem Blog zum Buch eine von mir gesprochene Fantasiereise:

www.ichkannauchanders-blog.de/download

Außerdem finden Sie auf diesem Blog in Abständen Übungen, Artikel und Podcasts. Schauen Sie also immer mal wieder rein.

Wie Sie sich daran hindern, Probleme zu lösen

Eine Projektleiterin berichtet im Coaching, dass sie bei Präsentationen öfters unterbrochen wird und sie sich dadurch massiv gestört fühlt. Mitunter diskutieren Teilnehmer während ihres Vortrags sogar länger. Die Projektleiterin ist über das Verhalten so konsterniert, dass sie solche Situationen stumm erträgt. Ihr Vorgesetzter riet ihr, sich nicht die Führung wegnehmen zu lassen bzw. sich entsprechend Respekt zu verschaffen. Meine Klientin sieht ein, dass das dringend notwendig ist, nimmt es sich auch jedes Mal wieder vor, doch in der Situation ist sie wie gelähmt.

Warum hält jemand an einem Verhalten fest, das ihm offensichtlich Nachteile bringt? Oder anders gesagt: Warum ist es so schwer, sein Verhalten zu ändern, wenn einem klar ist, was man tun müsste? – Das erklärt sich aus meiner Sicht so:

- Probleme, die wir trotz verschiedener Versuche nicht befriedigend lösen können, weisen meist auf einen inneren, unbewussten Konflikt hin.
- Das bisherige Problemverhalten kann dabei als bislang beste Lösungsstrategie für diesen Konflikt verstanden werden.
- Erst wenn der zugrunde liegende Konflikt erkannt und bearbeitet wurde, sind neue Verhaltensweisen möglich.

Diese Betrachtungsweise ist für die meisten Menschen neu und auf den ersten Blick oft unverständlich. Das hat mit der beherrschenden Landkarte unserer Kultur zu tun, in der »Falsch« und »Richtig« große Werte darstellen. Doch im Bereich unserer Psyche kommt man mit moralischen Werten nicht weit.

Ein Mann ist empört, als er in der Zeitung liest, dass ein Vorstandsvorsitzender sein Unternehmen um Millionen betrogen hat. Am nächsten Tag überlegt er sich bei seiner Lohnsteuererklärung, wie er mit ein paar betrügerischen Tricks seine Steuerschuld um hundert Euro vermindern kann.

Will man verstehen, was in solchen Situationen in einem selbst oder in anderen vorgeht, hilft dieser Satz:

Das Symptom ist die Lösung.

Natürlich weiß der Mensch mit der Lohnsteuererklärung, dass er etwas Unrechtes tut. Jeder Mensch hat ähnliche innere Konflikte. Theoretisch können wir Menschen diesen Konflikt ja auch lösen, indem wir diese andere Seite in uns freundlich betrachten und annehmen, etwa nach dem Motto: »Das ist ja interessant. Ich habe viele gute Seiten, bin ehrlich, gesundheitsbewusst und rücksichtsvoll, aber es gibt auch eine andere Seite in mir. Da bin ich unehrlich, genusssüchtig oder egoistisch.«

Ich weiß, graue Theorie. In Wirklichkeit lösen wir solche inneren Konflikte meistens durch psychische Abwehrmechanismen. Die haben den Zweck, miteinander in Konflikt stehende psychische Tendenzen (Triebe, Wünsche, Motive, Werte) innerlich so zu bewältigen, dass der innere Konflikt in einem erträglich oder sogar aufgelöst wird. Das Ganze geschieht meistens völlig unbewusst.

Wie wir es vermeiden, innere Konflikte zu erkennen

Es gibt eine ganze Reihe psychischer Abwehrmechanismen (siehe Literaturempfehlungen, Seite 175, Anna Freud). Das Schwierige daran ist: Wir merken es meist nicht, wenn wir einen Abwehrmechanismus benutzen. In bestimmten Situationen so zu denken oder zu sprechen, kommt uns völlig normal, vernünftig, klug oder angemessen vor. Da geht es uns wie dem Fisch mit dem Wasser.

Damit Sie in Zukunft eine Chance haben, dies zu erkennen, hier eine Beschreibung der häufigsten Abwehrmechanismen:

Intellektualisierung:

Hier wird das erlebte Gefühl aus dem Erleben herausgenommen, indem man abstrakt davon spricht oder das Ganze rein theoretisch analysiert.

> *Eine Mitarbeiterin sagt zu ihrer Kollegin, dass sie sich darüber ärgert, dass diese morgens immer zu spät zur Arbeit kommt. Diese antwortet: »Was regst du dich so auf, schon Einstein hat festgestellt, dass Zeit gar nicht wirklich existiert, sondern relativ ist.«*

Rationalisierung:

Hier werden allein rationale und logische Motive als Beweggründe für ein bestimmtes Verhalten angegeben. Beteiligte Gefühle müssen abgewehrt werden. Man nennt einen guten Grund statt des richtigen.

> *Ein Manager wird gefragt, ob die mit der erreichten Position verbundene Macht ihm nicht ein tolles Gefühl gebe. Er antwortet, dass es nicht die Macht war, die ihn antrieb, sondern nur die Möglichkeit, etwas Positives zu gestalten.*

Verdrängung:

Unerwünschte Regungen werden ins Unbewusste entsorgt. Dort bleiben sie jedoch nicht, sondern drängen wie die fauligen Gase einer illegalen Deponie in Form von peinlichen Träumen, Ersatzhandlungen oder Freud'schen Versprechern wieder ans Tageslicht.

> *Als der Chef bei einer Besprechung früher gehen muss, rutscht einem Mitarbeiter der Satz heraus: »Wir halten Sie nicht länger aus« (statt »auf«).*

Identifikation:

Hier versucht man, das eigene Selbstwertgefühl zu steigern, indem man sich mit einer Person oder Institution, die einen höheren Rang besitzt, identifiziert.

> *Als die Teamleiterin eines Tages mit einem neuen ziemlich teuren Handy-Modell ins Büro kommt, dauert es keine zwei Wochen, bis zwei aufstrebende Kolleginnen sich dasselbe Modell zugelegt haben. Darauf von Kolleginnen angesprochen, erklären sie das als puren Zufall.*

Projektion:

Hier überträgt man eigene ungeliebte Eigenschaften oder verbotene Wünsche auf andere.

> *Ein Mann, der in eine Kollegin verliebt ist, bildet sich ein, dass sie ihn morgens besonders freundlich begrüßt und sich in der Kantine extra an einen freien Tisch setzt, weil sie hofft, dass er sich dazusetzt.*

Verleugnung:

Hier versucht man, Unangenehmes auszublenden, indem man sich weigert, es überhaupt zur Kenntnis zu nehmen.

> *Als ein wesentlicher Grund für die weltweite Finanzkrise wird das Ausblenden von enormen Risiken von vielen Verantwortlichen angesehen.*

Verschiebung:

Aufgestaute, meist aggressive Gefühle werden auf Objekte entladen, vor denen man weniger Angst hat, anstatt sie dort auszudrücken, wohin sie eigentlich gehören.

> *Als bekannt wurde, dass der Verkaufsleiter wegen seiner Eheschwierigkeiten montags immer besonders schlechte Laune hatte, ging die Zahl der Außentermine am Montag in der Abteilung deutlich in die Höhe.*

Vermeidung:

Konflikthafte Situationen werden umgangen, indem man die Schlüsselreize vermeidet.

> *So mache ich in meinen Seminaren am zweiten Tag die Teilnehmer manchmal darauf aufmerksam, dass sie dieselbe Sitzordnung wie am Vortag eingenommen haben. Und dies, obwohl es unterschiedlich bequeme Stühle zur Auswahl gibt. Frage ich länger nach dem Grund dafür, kommt immer heraus, dass der eine oder andere schon lieber einen anderen Stuhl gewählt hätte, aber Angst hatte, dies könne zu Konflikten mit dem bisherigen Be-Sitzer (»Was machst du auf meinem Stuhl?«) führen.*

Verschiebung:

Meist aggressive Impulse, Fantasien und Handlungen werden auf andere Menschen oder Objekte verschoben, damit die Person, der die eigentliche Emotion galt, davon unberührt bleibt.

> *Ein Pförtner berichtete mir einmal, dass er aus dem Tempo, mit dem Mitarbeiter an die Einlassschranke fahren, und den Geräuschen, die sie beim Parken machen, darauf schließen könne, auf welche Art und Weise diese grüßen würden.*

Abwehrmechanismen sind menschlich, weit verbreitet und vor allem unbewusst. Will man seinen eigenen Beweggründen dafür auf die Spur kommen, ist es notwendig, erst einmal überhaupt mitzukriegen, dass man gerade etwas in sich abwehrt und was das sein könnte.

Häufige Verteidigungsreaktionen

Um inneren Konflikten auszuweichen, greifen Menschen oft zu Verteidigungsreaktionen. Im Unterschied zu Abwehrstrategien, die unbewusst ablaufen, sind wir uns der Verteidigungsreaktionen schon eher bewusst:

> **»Das war ich nicht«,**
> *sagt der Kollege, der gestern Abend vergessen hatte, das Dachfenster im Büro zu schließen, durch das es die ganze Nacht hereinregnete.*

Hier hat jemand übergroße Angst vor einer Bestrafung und versucht, sofort die Schuld woanders abzuladen und sich seiner Verantwortung zu entziehen. Eine erwachsenere Haltung wäre, sich zu sagen: »Ich stehe zu dem, was ich verursacht habe, und suche eine Lösung.«

> **»Kopf hoch, irgendwie wird es schon besser werden!«,**
> *sagt die neue Salesmanagerin in die Runde, nachdem der Vertriebsleiter die schlechten Verkaufszahlen vom letzten Quartal verkündet und sich betretenes Schweigen ausgebreitet hat.*

Hier versucht jemand, seine eigene Angst zu reduzieren. Eine erwachsenere Haltung wäre, zu sich selbst zu sagen: »Mich bedrückt das schlechte Ergebnis auch. Was können wir in Zukunft anders machen?«

> **»Für mich muss es eine Ausnahme geben!«,**
> *fordert der Abteilungsleiter, als der Geschäftsführer eine Änderung der Spesenregelung bekannt gibt.*

Hier hofft jemand, sich einen Sonderstatus sichern zu können. Eine erwachsenere Haltung würde bedeuten, dass derjenige erkennt, dass das Fordern von Sonderregelungen meist schlecht begründbar ist und im Team Antipathien erzeugt.

>**»Das waren besondere Umstände«,**
ist die Begründung des Projektleiters, als herauskommt,
dass der große Auftrag nur aufgrund von an Bestechung
grenzenden Vergünstigungen zustande kam.

Hier probiert jemand, die Folgen seiner Handlungen abzuschwächen. Mit einer erwachsenen Einstellung überlegen Sie, welche Folgen sich durch Ihr Handeln ergeben haben und was Sie jetzt tun können.

>**»Ich hatte keine andere Wahl«,**
behauptet der Marktleiter, als es um die Entlassung einer
Kassiererin geht, die einen Pfandbon im Wert von 1,30
Euro nicht ordnungsgemäß abgerechnet hatte.

Hier versucht jemand, seine Schuldgefühle zu reduzieren und die Verantwortung den Umständen zuzuschieben. Doch es gibt immer mehrere Wahlmöglichkeiten und Menschen wählen die Möglichkeit, von der sie sich am meisten Nutzen – oder den geringsten Schaden – versprechen. Mit einer erwachseneren Einstellung könnte er sagen: »Ich hatte mehrere Möglichkeiten und stehe zu meiner Entscheidung.«

>**»Vielleicht bin ich dafür nicht geeignet«,**
ist die erste Reaktion einer Mitarbeiterin, als heraus-
kommt, dass in dem von ihr verfassten Angebot ein grober
Fehler enthalten ist.

Dies kann man als Versuch verstehen, der erwarteten Kritik von außen zuvorzukommen. Mit einer erwachseneren Einstellung überlegen Sie, was Sie aus der Situation lernen können.

>**»Das kann ich schon alleine«,**
reagiert der Controller gekränkt, als ihm seine Führungs-
kraft wegen der verspäteten Abgabe der Quartalszahlen
Hilfe anbietet.

Hier glaubt jemand, keine Hilfe zu benötigen, weil er das Angebot als Kränkung erlebt und das Gefühl der Abhängigkeit zu vermeiden sucht. Mit einer erwachseneren Einstellung prüfen Sie, wer Ihnen wie helfen könnte.

> **»Das Projekt stand von Anfang an unter keinem guten Stern«,**
> *ist die Erklärung des Projektleiters gegenüber dem Vorstand, als dieser ihn mit zahlreichen Beschwerden des Auftraggebers konfrontiert.*

Der Ausweg, magische Einflüsse statt der Folgen eigenen Handelns als Ursache heranzuziehen, geht meist ins Leere. Mit einer erwachseneren Einstellung erklären Sie Ihre Schritte und Ihre Sicht der Dinge, wie es zu der Projektverzögerung kam.

> **»Das kann nicht sein«,**
> *entgegnet der Mitarbeiter in der Reklamationsabteilung schon zum dritten Mal dem Kunden, der den reparierten Staubsauger wegen desselben Fehlers wieder zurückbringt.*

Hier versucht jemand, auftretende Probleme zu ignorieren. Mit einer erwachseneren Haltung beschäftigen Sie sich mit den Ursachen des Problems und finden Lösungen.

Natürlich sind solche Reaktionen im Einzelfall menschlich verständlich. Entscheidend ist, ob jemand öfters und vorhersehbar auf bestimmte Situationen so reagiert.

Ängste im Beruf sind oft Beziehungserfahrungen

Jeder von uns hat schwierige Beziehungserfahrungen erlebt und deswegen hat auch jeder Mensch meist mehrere der folgenden Ängste. Das ist menschlich und kein Grund, sich zu schämen. Es ist nur hilfreich, seine Ängste zu kennen, um eben entscheiden zu können, ob die auftretende Angst berechtigt ist oder eher eine Erinnerung aus der Kindheit ist, die man auf eine gegenwärtige Situation überträgt.

Schlimm sind jene Menschen dran, die davon überzeugt sind, dass sie vor nichts und niemand Angst haben. Denn sie haben ihre Angst so weit verdrängt, dass sie sie tatsächlich nicht spüren.

Im Kontakt mit anderen fürchten Sie …

… dominiert zu werden.
Sie beschreiben das Gefühl vermutlich als die Angst, kontrolliert, überwältigt, gezwungen oder beherrscht zu werden.

> *Als in einem Elektronikmarkt zur Diebstahlsverhütung ein Zufallsgenerator eingesetzt wird, der bestimmt, wer beim Nachhausegehen seine Tasche kontrollieren lassen muss, regt sich mein Klient, der dort arbeitet, fürchterlich auf, obwohl er mit Sicherheit nicht unter die verdächtige Personengruppe fällt.*

… gefangen zu werden.
Sie beschreiben das Gefühl vermutlich als die Angst, umzingelt, eingefangen, genau beäugt oder beobachtet zu werden, in der Falle zu sitzen, nicht entkommen zu können, keinen Ausweg zu sehen.

> *Als der 29-jährige Bankkaufmann wegen der Fusion seinen Job verliert, wird er trotz einiger vielversprechender Angebote immer mutloser und verkriecht sich zu Hause.*

… allein zu sein.
Sie beschreiben das Gefühl als die Angst, abgeschnitten, isoliert, ungeliebt, einsam, unsichtbar, verlassen zu sein.

> *Das Angebot, für zwei Jahre die Auslandsvertretung in Shanghai zu übernehmen, lehnt der Unternehmensberater ab, weil er trotz der reizvollen beruflichen Herausforderung nicht sein Heimatdorf verlassen will.*

... benachteiligt zu werden.
Sie beschreiben das Gefühl vermutlich als die Angst, dass andere vorgezogen, Sie enttäuscht, abgelehnt werden.

> *Als sich die langgediente Verkäuferin für den Posten der Abteilungsleiterin bewirbt und aus fachlichen Gründen eine andere Bewerberin vorgezogen wird, vermutet sie eine Intrige.*

... abgelehnt zu werden.
Sie beschreiben das Gefühl vermutlich als die Angst, zurückgewiesen, abgeschüttelt, abgehängt zu werden, nicht eingeladen, unerwünscht, unbeliebt, nicht wertgeschätzt zu sein.

> *Frau W. hat, wenn Mitarbeiterinnen gemeinsam in die Kaffeepause gehen, oft das Gefühl, dass diese froh sind, dass sie sich nicht dazugesellt.*

... verletzt zu werden.
Sie beschreiben das Gefühl vermutlich als die Angst, wehrlos, ausgeliefert oder schwach zu sein.

> *Dem neuen Vorgesetzten eilt der Ruf voraus, ein »harter Hund« zu sein, der durchgreift. Ein Mitarbeiter entwickelt bereits drei Wochen vor dem Arbeitsbeginn des neuen Chefs starke Schlafstörungen.*

... unsicher zu sein.
Sie beschreiben das Gefühl vermutlich als die Angst, ungeborgen zu sein, schlecht für sich sorgen zu können, in Gefahr oder verwundbar zu sein, angegriffen, bedroht oder kritisiert zu werden, keinen Schutz zu haben.

Als dem Mitarbeiter angeboten wird, sich doch aufgrund seiner Beliebtheit zur Betriebsratswahl aufstellen zu lassen, lehnt dieser, ohne zu überlegen, mit der Begründung ab, dass er sich das nicht traue.

Es ist nicht möglich, Situationen »richtig« einzuschätzen. Meist gibt es für verschiedene Betrachtungsweisen gute und nachvollziehbare Argumente. Es ist deshalb hilfreich, seine eigenen Ängste zu kennen und bei der Beurteilung von Ereignissen mit einzubeziehen. Wer mit seinen Ängsten identifiziert ist, anstatt sie zu kennen, läuft Gefahr, alles durch die Angst-Brille zu sehen und entsprechend zu handeln.

Die hier beschriebenen Ängste in Beziehungen sind weit verbreitet. Rühren sie aus Beziehungserfahrungen in Kindheit und Jugend, entwickelt der jeweilige Mensch oft schon in jener Zeit Strategien, um die erlebten Ängste zu bewältigen. Hierfür sind 5 Strategien besonders verbreitet; diese beschreibt das Konzept der »inneren Antreiber«.

»Innere Antreiber« als Bewältigungsstrategie

Wer im Beruf sein volles Potenzial einsetzen kann, hat meist gelernt, seine »inneren Antreiber« in Schach zu halten. Diese Antreiber entstehen durch elterliche Botschaften oder durch den allgemeinen Stil, der in der Familie herrscht und den man früh so verinnerlicht, dass man ihn als Erwachsener lebt, ohne ihn zu hinterfragen. Die fünf wichtigsten Antreiber sind:

Sei perfekt!

Menschen mit diesem Antreiber erkennt man an Ausdrücken wie »hundertfünfzigprozentig« und daran, dass sie meist Zeitprobleme haben. Gut ist für sie nicht gut genug, weil man alles noch besser machen könnte. Im Grunde haben sie Angst vor Fehlern, weil das für sie der Beweis für ihre Unfähigkeit wäre. Auch können sie sich über das Erreichte selten freuen.

Als der Projektleiter gebeten wurde, am nächsten Tag zehn Minuten vor Kollegen über sein aktuelles Projekt zu sprechen, bereitete er sich darauf drei Stunden vor und lieferte eine halbstündige Powerpoint-Präsentation ab. »Gut, aber weit über das Ziel hinaus, Herr Maier«, war der Kommentar seines Vorgesetzten.

Mach schnell!

Wer von diesem Satz angetrieben wird, kann unter hohem Tempo viel arbeiten, ist aber mit anderen oft ungeduldig, weil sie ihm langsam vorkommen. Schnellschüsse und spontane Aktionen, Gespräche zwischen Tür und Angel sind das Merkmal von Menschen mit diesem Antreiber. Sie können schwer abschalten und sind auch in Ruhezeiten wie aufgedreht.

In manchen amerikanischen Magazinen ist am Ende eines Artikels die Zeit vermerkt, wie lange ein durchschnittlicher Leser zum Lesen des Beitrags braucht.

Sei stark!

Dieser Antreiber ist – immer noch – Teil der männlichen Erziehung. Damit lernt man früh, seine »weichen« Gefühle wie Angst, Schwäche, Hilflosigkeit, Traurigkeit usw. zu unterdrücken. Auch fällt es Menschen mit diesem Antreiber schwer, um Hilfe und Unterstützung zu bitten.

Mindestens 45 Gläser Tequila trank ein 16-Jähriger in knapp einer Stunde im Februar 2007. »Saufen, bis einer aufgibt«, lautete das Motto der Wette mit dem Wirt, der sich nur Wasser einschenkte. Sie endete mit dem Tod des Schülers, der ins Koma fiel.

Mach es allen recht!

Mit diesem Antreiber will man nett und nicht egoistisch sein. Es fällt einem daher schwer, »Nein« zu sagen oder sich sonst wie abzugrenzen. Man ist zwar meist sehr beliebt, wird aber auch oft ausgenutzt.

Eine Kollegin hatte für den Geburtstag des Chefs eine Party ganz allein organisiert. Als sie etwas hektisch, aber mit lächelndem Gesicht alle bediente, fragte jemand: »Kann man dir was helfen?«, was die Kollegin ohne zu überlegen abwies: »Danke, alles im grünen Bereich – habt Spaß!«

Streng dich an!

Dieser Antreiber bringt einen Menschen dazu, immer wieder über seine Grenzen zu gehen. Die Aufgaben nehmen kein Ende, man erlaubt sich keine Pausen und erst ein Burnout sorgt für eine Zwangspause.

Einen Coaching-Klient, den ich nach seinem Herzinfarkt in der Klinik besuchte, traf ich dort am zweiten Tag nach seiner Operation im Bett an – mit Laptop und Blackberry: »Endlich kann ich mal in Ruhe alles abarbeiten«, meinte er strahlend zu mir.

Ob und wie diese Antreiber bei Ihnen ausgeprägt sind, können Sie mit dem folgenden Test feststellen:

Selbsttest: Meine stärksten »Antreiber«

Umranden Sie jede Zahl der folgenden Aussagen, die auf Sie tendenziell zutreffen.

1. Ich begegne anderen Menschen meist freundlich.
2. Ich delegiere nicht gerne Aufgaben, weil ich nicht sicher bin, ob der andere sie auch genauso gut erledigt.
3. Ich scheue keine Anstrengung, wenn es darauf ankommt. Ich ziehe das dann durch.
4. Zum Feiern von Erfolgen komme ich nicht, weil es meist immer noch etwas anderes zu tun gibt.
5. Das Leben ist zu kostbar, um Zeit zu verschwenden.
6. Leute, die immer jammern und sich als Opfer fühlen, kann ich nicht leiden.

7. Aufregung und andere Gefühle behalte ich für mich.

8. Ich bekomme schnell Schuldgefühle, wenn andere arbeiten und ich nicht.

9. Fehler, die andere machen, sehe ich sofort.

10. Ich kann Unordnung nicht haben, egal ob beruflich oder privat.

11. Dass mich andere mögen und lieben, ist für mich sehr wichtig.

12. Ich werde schnell unruhig, wenn ich irgendwo warten muss.

13. »Nein« zu sagen, fällt mir ziemlich schwer.

14. Ich nehme mir oft vor, Zeitpuffer einzuplanen, schaffe es aber doch nicht.

15. Ich denke viel voraus, was passieren könnte, und sorge vor.

16. Wenn jemand einen Fehler bei mir entdeckt, ist mir das sehr unangenehm.

17. Wenn mich andere unfreundlich und abweisend behandeln, belastet mich das.

18. Ich mache viel mit mir aus und verlasse mich in erster Linie auf mich selbst.

19. Der Teufel steckt im Detail, deshalb achte ich sehr auf Kleinigkeiten.

20. Wenn jemand endlos redet, werde ich schnell unruhig.

21. Ich weiß immer einen Ausweg.

22. Ich habe schnell das Gefühl, dass eine Aufgabe zu groß für mich sein könnte.

23. Ich finde Schnelligkeit oft wichtiger als Gründlichkeit.

24. Ich bin immer auf alles vorbereitet und gewappnet.

25. Ich kann mich sehr gut in andere Menschen einfühlen.

26. Manchmal steht die Arbeit wie ein Berg vor mir.

27. Wissen ist Macht und ich erweitere ständig meinen Horizont.

28. Es macht mir nichts aus, anderen den Vortritt zu lassen.

29. Wenn ich den Überblick verliere, werde ich nervös.

30. Korrekte Kleidung, immer zum Anlass passend, darauf achte ich.
31. Oft bleibe ich in einer Arbeit stecken und muss noch mal von vorne anfangen.
32. Ich will im Leben nichts verpassen.
33. Ich erlebe oft, dass sich andere mir gegenüber rechtfertigen.
34. Ich bin nicht der Typ, der es sich allzu bequem machen kann.
35. Der Klügere gibt nach, ist fast immer meine Devise.
36. Leute, die umständlich und langsam sind, regen mich schnell auf.
37. Ich habe nichts dagegen, Überstunden zu machen, wenn ich mit meiner Arbeit nicht fertig werde.
38. Ich bin, wenn ich etwas tue, mit meiner Aufmerksamkeit meist schon bei den nächsten Dingen.
39. Ärger sieht man mir nicht an, ich mache dann ein freundliches Gesicht.
40. Ich interessiere mich für sehr vieles.
41. Es ist mir unangenehm, andere um Hilfe zu bitten, deshalb vermeide ich es meist.
42. Ich sage oft nicht, was ich denke, weil ich es nicht für so wichtig halte.
43. Ich denke manchmal, ich sollte mir bei einer Arbeit mehr Zeit lassen, aber es klappt selten.
44. Ich vertraue sehr schwer, dann wird man auch nicht so schnell enttäuscht.
45. Anderen gegenüber bin ich meist verständnisvoll und mitfühlend.
46. Körperliche Schmerzen oder Symptome beachte ich erst mal nicht.
47. Ich bin sehr fleißig und arbeitsam.
48. Ich bin immer wieder etwas enttäuscht, wenn andere nicht bemerken, was ich für sie tue.

49. Ich besorge mir alle Informationen, damit ich vor Fehlern gefeit bin.
50. Ich gerate leicht außer Atem.
51. Manchmal fühle ich mich ganz kraftlos – aber da muss man durch.
52. Bisweilen zweifle ich daran, ob sich mein ganzer Einsatz wirklich lohnt.
53. Anderen eine Freude zu machen, ist mir sehr wichtig.
54. Wenn ich etwas mache, dann aber immer richtig, also korrekt und genau.
55. Ich trage meine Gefühle nicht so nach außen.
56. Wenn mich jemand enttäuscht, für den ich viel getan habe, ziehe ich mich zurück.
57. Manchmal kommt so eine unangenehme Leere in mir auf, wenn ich länger nichts zu tun habe.
58. Auf eine ausgewogene Ernährung und auch auf Bewegung achte ich sehr.
59. So richtig Angst vor etwas habe ich eigentlich nicht.
60. Mit nicht nachlassender Ausdauer kann man fast alles erreichen, ist meine Devise.
61. Manchmal denke ich, ein Leben reicht gar nicht für das, was ich alles tun möchte.
62. Bevor ich einen Standpunkt vertrete, sichere ich ihn gegen alle möglichen Einwände ab.
63. Mein Wissen ist deutlich größer als das anderer Leute. Und trotzdem treibt es mich, noch mehr zu wissen.
64. Ich kann Leute nicht leiden, die nur Spaß und Vergnügen wollen und die Arbeit scheuen.
65. Wer zu spät kommt, den bestraft das Leben, ist mein Wahlspruch.

Auswertung des Antreiber-Tests

Machen Sie bitte hier wiederum einen Kreis um die Zahlen, die Sie oben bei den für Sie zutreffenden Aussagen umkreist haben.

1. Sei stark
   6 – 7 – 15 – 18 – 21 – 24 – 29 – 41 – 44 – 46 – 51 – 55 – 59

2. Sei perfekt
   2 – 9 – 10 – 16 – 19 – 27 – 30 – 33 – 49 – 54 – 58 – 62 – 63

3. Sei gefällig
   1 – 11 – 13 – 17 – 25 – 28 – 35 – 39 – 42 – 45 – 48 – 53 – 56

4. Beeil dich
   5 – 12 – 14 – 20 – 23 – 32 – 36 – 38 – 40 – 50 – 57 – 61 – 65

5. Streng dich an
   3 – 4 – 8 – 22 – 26 – 31 – 34 – 37 – 43 – 47 – 52 – 60 – 64

Nun haben Sie eine Übersicht, wie stark die einzelnen Antreiber bei Ihnen wirksam sind. Und im Vergleich der 5 Antreiber erhalten Sie einen Eindruck, durch welche innere Dynamik Ihr Verhalten oft beeinflusst wird.

Antreiber sind weder gut noch schlecht. Es kommt auf die Situation an.

Wenn ich mich operieren lassen muss, bin ich froh, wenn ich mich einem Arzt mit einem »Sei-perfekt-Antreiber« anvertrauen kann. Umgekehrt wünsche ich mir bei manchem Service-Personal, dass ein »Beeil-dich-Antreiber« sich seiner bemächtigen und nie wieder loslassen möge.

Notieren Sie sich, wenn Sie möchten, ein paar Beispiele, wo Sie Ihre Antreiber am meisten stören.

Jetzt haben Sie bestimmte Antreiber-Strategien in sich identifiziert. Wie Ihnen dieses Buch helfen kann, diese zu verändern, lesen Sie im nächsten Kapitel.

Wie Sie sich aus einer Psychofalle befreien können

Unsere inneren Landkarten und der Autopilot steuern unsere Wahrnehmung, unsere Gefühle und unser Verhalten. Und das ist der Grund, warum Versuche, eine Veränderung unseres Verhaltens herbeizuführen, so oft scheitern. Wir stecken in der Falle: Wie können Sie Ihre Landkarten kennenlernen? Wo sollen Sie danach suchen? Und woran erkennen Sie, dass Sie die richtige Landkarte vor sich haben, die, die Sie aktualisieren, updaten müssen?

Um sich aus Ihren Psychofallen zu befreien, benötigen Sie die richtigen Hilfsmittel. Dafür schlage ich Ihnen vier Werkzeuge vor. Sie haben sich in der Veränderungsarbeit im Rahmen meiner Persönlichkeitsseminare und Coachings seit vielen Jahren erfolgreich bewährt.

1. Innere Achtsamkeit
   Damit können Sie Ihre Landkarten aufspüren.
2. Hilfreiche Sätze
   Damit identifizieren Sie Ihre inneren Konflikte zu Ihrem Problem.
3. Experimente
   Damit können Sie Ihren Konflikt bearbeiten und neue Lösungswege ausprobieren.
4. Logbuch
   Damit vertiefen Sie Ihre Erfahrungen und Erfolge.

Unser gesamtes Verhalten ist organisiert in Mustern. Wenn wir etwas Neues zum ersten Mal erleben – zum Beispiel ein Stück einer neuen Popband hören –, vergleicht unser Gehirn diesen Eindruck sofort mit Erfahrungen, die wir auf diesem Gebiet bereits gespeichert haben. »Es klingt ein bisschen wie …«, ist dann ein typischer Ausspruch. Lesen wir ein neues Buch zum Thema Mitarbeiterführung, liefert unser Gehirn uns sofort Informationen und Assoziationen dazu: »So ähnlich hat das auch der Autor X ausgedrückt« oder »Das erinnert mich an eine Methode aus dem Bereich Y«. Wir können also etwas Neues nicht wirklich wahrnehmen, sondern vergleichen es mit unseren Landkarten, die wir zu diesem Thema gespeichert haben.

Wie können wir die Quellen unserer Urteilsbildung besser untersuchen? Hierzu brauchen wir die innere Achtsamkeit. Das Wahrgenommene ist »da draußen«, also außerhalb von uns. *Wie* wir aber wahrnehmen, ist in uns. Die innere Achtsamkeit hilft uns, dies genauer zu untersuchen.

Innere Achtsamkeit kennen Sie schon, Sie wenden sie vielleicht nur noch nicht zielgerichtet an. Es ist im Grunde aber ganz einfach:

- Sie schließen Ihre Augen.
  Damit schalten Sie vom Alltagsbewusstsein auf die Achtsamkeit um.
- Sie achten auf Ihre Körperempfindungen, Ihre Gefühle, Ihre Gedanken.
  Damit kommen Sie mit Ihren Landkarten in Kontakt.
- Sie achten auf das, was von allein in Ihre Aufmerksamkeit tritt.
  Sie brauchen also nichts ändern, erklären oder bewerten – nur wahrnehmen.

Wahrscheinlich ist diese Methode des In-Kontakt-Kommens mit sich erst einmal ungewohnt. Sie wissen nicht, worauf Sie achten sollen, oder nehmen »gar nichts« wahr. Aber mit der Zeit werden Sie sensibler für die feinen Informationen aus Ihrem Inneren werden.

Hilfreiche Sätze

Verhaltensweisen, die Sie bisher trotz etlicher Bemühungen nicht ändern konnten, deuten auf das Vorhandensein eines inneren Konflikts hin. Ihre Strategie, damit umzugehen, ist Ihre bisher beste »Lösung« des Konflikts. In aller Regel wissen Menschen nicht, welchen inneren Konflikt sie mit ihrem »Problemverhalten« lösen.

Wer perfektionistisch ist, weiß meist nicht, dass er der Kritik anderer zuvorkommen will. Wer chronisch unpünktlich ist, weiß nicht, dass er damit oft seine Autonomie wahren will. Wer nicht selbstbestimmt arbeitet, sondern sich getrieben fühlt, weiß nicht, dass er glaubt, jemandem etwas beweisen zu müssen.

Die hilfreichen Sätze können helfen, den Zugang zu diesen inneren Konflikten im Unbewussten zu finden. Auch hier ist das Vorgehen wieder einfach, aber wirkungsvoll:

- Sie suchen sich einen ruhigen Platz, wo Sie allein sind und achtsam werden können.
  Damit gehen Sie in Kontakt mit Ihrem Unbewussten.
- Mit geschlossenen Augen sagen Sie den gegebenen hilfreichen Satz vor sich hin.
  Die Sätze sollen Ihren inneren Konflikt erlebbar machen.
- Sie achten auf Körperempfindungen, Gefühle, Gedanken, Erinnerungen usw.
  Bei deutlichen positiven oder negativen Reaktionen wissen Sie, dass ein Konflikt angesprochen wurde.

Hier kommt es auf Ihre spontanen Reaktionen an. Sie sollen also nicht über den Satz nachdenken, sondern achtsam verfolgen, was innerhalb der ersten zwei bis fünf, sechs Sekunden in Ihnen abläuft. Was bedeuten Ihre Reaktionen? Wie können Sie sie interpretieren?

Wenn Sie achtsam sind und als Reaktion eine ruhige Zustimmung innerlich erleben, dann bedeutet das, dass zwischen dem gesagten Satz und Ihrer Landkarte kein Konflikt herrscht.

Wenn Sie jedoch eine deutlich positive Reaktion oder eine deutlich negative, unangenehme Reaktion bemerken, bedeutet dies vermutlich, dass Sie einem inneren Konflikt auf der Spur sind.

In meinen Persönlichkeitsseminaren arbeite ich am ersten Tag oft mit dem Satz »Dein Leben gehört dir«. Die Teilnehmer sind achtsam, und in die Stille hinein sage ich mit einer kleinen Einleitung: »Achte mal darauf, was in dir passiert, wenn du hörst: Dein Leben gehört dir.«

Darauf haben Teilnehmer schon die unterschiedlichsten Reaktionen berichtet. Manche spüren eine nickende Zustimmung. Andere beobachten eine starke Freude und einen inneren Satz: »Genau! Genau, so ist es.« Aber es gibt auch Teilnehmer, die berichten: »Ich hatte den Gedanken: Schön wär's!« oder »Ich spürte einen Schlag in den Magen« oder »Ich sah innerlich meine Mutter, die sagte: Nun sieh zu, wie du allein zurechtkommst«.

Die hilfreichen Sätze können, wenn ein zentraler Konflikt in Ihnen damit berührt wurde, starke Reaktionen in Ihnen auslösen. Da die Sätze aber ausnahmslos positiv formuliert sind und meistens eine Erlaubnis darstellen, merken Sie unmittelbar an Ihrer Reaktion, dass Sie einem inneren Konflikt, der aus Ihrer Biografie herrührt, auf der Spur sind.

⊙ Auf dem Blog zum Buch www.ichkannauchanders-blog.de gibt es einen Podcast, mit dem Sie die Wirkung dieser hilfreichen Sätze an sich ausprobieren können.

Experimente

Wenn Sie mittels Achtsamkeit und einem hilfreichen Satz – oder mehreren – einen inneren Konflikt erkannt haben, geht es an die Veränderung. Auf Ihrer inneren Landkarte ist eine für Sie problematische Verhaltensweise – zum Beispiel, dass Sie sich nicht trauen, »Nein« zu sagen, wenn Sie jemand um etwas bittet – quasi wie eine sechsspurige Autobahn angelegt. Und zwar schon seit Jahren und Jahrzehnten. Obwohl Sie sich schon öfters vorgenommen haben, sich besser abzugrenzen, klappt es im Ernstfall dann doch wieder nicht.

Das hat damit zu tun, dass in Ihrem Gehirn ein entsprechendes Verhalten noch nicht deutlich genug »gebahnt« ist. Theoretisch wissen Sie zwar, dass Sie wie andere Menschen auch mal die Bitte Ihres Kollegen ablehnen können. Sie haben auch das »Nein« schon auf der Zunge – und heraus kommt ein »Kein Problem, mach ich doch gern!«.

Um solche eingefahrenen Denk- und Verhaltensroutinen zu ändern, müssen Sie etwas riskieren. Sie müssen raus aus Ihrer Komfortzone, weil erst durch erlebte Emotionen sich in Ihren Landkarten etwas ändert. Neurobiologisch gesehen brauchen Sie eine starke gefühlsmäßige Beteiligung, damit sich ein neues Verhalten anbahnen kann. Rationale Einsicht haben Sie ja längst. Damit Sie Ihr Verhalten wirklich ändern können, brauchen Sie zusätzlich eine starke emotionale Erfahrung, dass das neue Verhalten wirklich nicht gefährlich ist.

Als ich vor vielen Jahren als Vermögensberater bei Bonnfinanz arbeitete, zeigte mir mein Betreuer, wie man an der Haustür mit wildfremden Menschen einen Termin für ein Beratungsgespräch in derselben Woche macht. Als er mir das Vorgehen schilderte, war ich völlig ungläubig: »Das klappt nie im Leben.«

Eines Abends machte er es mir mit zwei Adressen vor. Es klappte reibungslos. Dann sagte er: »Und jetzt sind Sie dran!« Ich schwitzte Blut und Wasser, als ich an der ent-

sprechenden Haustür klingelte. Niemand zu Hause – Gott sei Dank. An der nächsten Adresse machte der Hausherr im Bademantel auf. Ich sagte meinen Text und schloss mit »... passt es besser am Donnerstagabend oder am Freitag?« Zu meiner Verblüffung sagte der Mann: »Freitag geht nicht, aber Donnerstag ist okay.«

Ich »wusste« vorher, dass man so Termine bekommt, weil alle Berater dort so arbeiteten. Aber ich hatte es – anfangs mit heftiger Angst – selbst erlebt. Nach einem Vierteljahr machte ich meine Termine seelenruhig. Ich hatte emotional gelernt, dass nichts passieren konnte.

Die Experimente, die ich Ihnen im nächsten Kapitel passend zu den inneren Konflikten bei jeder Psychofalle vorschlage, sind ziemlich ungewöhnlich, einige auch ein bisschen »schräg«. Wenn Sie sich darauf einlassen, werden Sie mit Sicherheit etwas über sich lernen.

Logbuch

Ich hoffe, dass das Buch, das Sie gerade lesen, für Sie interessant und anregend ist. Wenn Sie etwas Grundlegendes in Ihrem Leben verändern wollen, wird das Lesen aber nicht reichen. Auch nicht das Nachdenken über einige Inhalte. So wie Sie ein Buch über das »Führen von Mitarbeitergesprächen« lesen können und eine Ahnung bekommen, worum es geht. Aber wenn Sie das Gelesene umsetzen wollen, müssen Sie raus in die Praxis.

In diesem Sinn ist dieses Buch also vor allem ein Arbeitsbuch. Die oben genannten hilfreichen Sätze und die vorgeschlagenen Experimente können ihre Wirkung nur entfalten, wenn Sie sie ausprobieren.

Ein weiteres Buch, das die Wirkung Ihrer Veränderungsbemühungen um einiges steigern kann, möchte ich Ihnen zusätzlich empfehlen: Es ist Ihr persönliches Logbuch. Das gibt es noch nicht, aber Sie können sich eines anlegen. Kaufen Sie sich in einem Geschäft ein schönes Büchlein mit leeren Seiten (zum Beispiel von Moleskine). Am besten im Format DIN A6, dann können Sie es fast immer bei sich tragen. Wenn Sie wollen, können Sie den Titel oder die erste Seite verzieren, vielleicht mit einem Schriftzug wie »Mein Logbuch« und einem Foto von sich. Ob und wie viel Aufmerksamkeit Sie dem Erwerb Ihres Logbuchs widmen, sagt Ihnen vielleicht schon etwas über das Ausmaß Ihrer Veränderungsbereitschaft. Denn angenommen, Sie sind schon zu faul, sich ein Büchlein zu kaufen – wie wollen Sie dann wirklich etwas verändern?

In das Logbuch schreiben Sie all das rein, was Ihnen im Zusammenhang mit Ihrem persönlichen Veränderungsprojekt einfällt, auffällt oder zufällt: Gedanken, Gefühle, Körperempfindungen, Bilder, Träume, Erinnerungen, Ziele, Visionen … einfach alles, was Sie gerne festhalten möchten. Im folgenden Kapitel empfehle ich Ihnen auch immer wieder, etwas in Ihr Logbuch zu schreiben. Sie sehen das an diesem Zeichen: 📖

Gut ist es auch, wenn Sie bei den Experimenten zu den Psychofallen Ihre Gedanken und Gefühle aufschreiben, *bevor* sie das Experiment ausprobieren. Danach können Sie das Erlebte auch aufschreiben und dann vergleichen. Sie werden auf diese Weise wieder etwas über Ihre Landkarten lernen.

Das Aufschreiben hat einen zweifachen Nutzen. Zum einen müssen Sie dadurch genauer formulieren, als wenn Sie nur so vor sich hin denken. Zum anderen »fließt« es aus Ihnen heraus und bleibt Ihnen doch erhalten.

Natürlich ist es Ihnen völlig überlassen, was Sie als Erstes in Ihr Logbuch schreiben. Aber ich hätte eine Idee. Schreiben Sie doch in Ihr Logbuch die Antwort auf folgende Frage:

📖 *Was betrachte ich als mein dringendstes Problem im Beruf und woran werde ich merken, dass es gelöst ist?*

Und jetzt besorgen Sie sich Ihr Logbuch.

Die häufigsten Psychofallen im Beruf und wie Sie sich daraus befreien

Anhand konkreter Problembereiche will ich im Folgenden die zehn häufigsten beruflichen Psychofallen beschreiben. Die Auswahl habe ich aufgrund der Probleme getroffen, die Teilnehmer in meinen Persönlichkeitsseminaren und Coachings in den letzten Jahren am häufigsten eingebracht haben.

Der Aufbau der Psychofallen-Kapitel ist:
- *Ein Beispiel* illustriert das Thema der Psychofalle.
- *Fragen* helfen Ihnen zu untersuchen, inwieweit Sie das Thema betrifft.
- *Wie sich diese Psychofalle entwickeln kann*, wird beschrieben.
- *Hilfreiche Sätze und Experimente* ermöglichen es Ihnen, das Thema zu untersuchen.
- *Empfehlungen* weisen Wege auf, weitere Schritte zur Bearbeitung zu gehen.

Es ist möglich, dass Sie sich bei mehreren Psychofallen wiederfinden. Das ist nicht überraschend. Denn auch wenn es Milliarden Menschen auf der Erde gibt, hält sich zum Glück die Anzahl der Probleme, mit denen wir im Lauf unseres Lebens immer wieder ringen, in bescheideneren Grenzen.

Beim Lesen werden Sie auch erleben, dass vor Ihrem inneren Auge Kollegen, Vorgesetzte auftauchen, auf die der beschriebene Themenbereich genau zutrifft. Bei anderen erkennt man die Psychofallen meist schneller und genauer, weil man die nötige Distanz zum genaueren Erkennen hat.

Bei sich selbst diese Distanz herzustellen, ist nicht so einfach. Im Zweifelsfall fragen Sie einfach Ihren Partner oder eine gute Freundin.

1. »Ich fühle mich zwischen Beruf und Familie zerrieben.«

Wie Sie das »Immer-nett-sein-Syndrom« überwinden

Ich arbeite,
also bin ich.

Motto der Anonymen Workaholiker

Haben Sie schon mal versucht, an zwei Orten gleichzeitig zu sein? Ich meine nicht, im Büro in München zu sitzen und mittels Videokonferenz mit Kollegen in Sidney und Dubai zu konferieren. Ich meine, in Wirklichkeit. In der katholischen Kirche wird dieses Phänomen einigen Heiligen zugeschrieben, zum Beispiel Antonius von Padua, Josef von Cupertino und Pater Pio. Dabei wird erklärt, dass diese Personen den Wunsch, Gutes zu tun, so stark fühlten, dass sie gleichzeitig an einem Ort ihre Pflicht erfüllten und an einem anderen Ort ihrer Bestimmung nachgingen.

Klasse Sache. Aber wir Normalsterbliche müssen unsere Zeit einteilen bzw. klare Prioritäten setzen. Auch Multitasker, die ja glauben, mehrere Tätigkeiten gleichzeitig tun zu können, stoßen immer wieder an ihre menschlichen Grenzen. Sie können wahrscheinlich mit dem Auto Ihren gewohnten Weg ins Büro fahren und sich dabei mit einem Mitarbeiter per Handy über das in Verzug geratene Projekt unterhalten. Aber wenn Ihr Kind, das Sie noch schnell in den Kindergarten bringen wollen, dann vom Beifahrersitz etwas fragt, sind Sie schon an der Grenze Ihrer Multitasking-Fähigkeiten. Und wenn eine Umleitung Sie zwingt, sich einen neuen Weg ins Büro zu suchen, ist es ganz aus. Wissenschaftliche Untersuchungen zeigen zudem, dass die Effizienz beim gleichzeitigen Bearbeiten verschiedener Aufgaben im Vergleich zur seriellen Bearbeitung sinkt. Vom verstärkten Stress gar nicht zu reden. Also: bye-bye Multitasking. Willkommen in der Wirklichkeit.

Fragen zum Thema

- Haben Sie das Gefühl, dass Sie oft mehr geben, als Sie bekommen?
- Warten Sie insgeheim darauf, dass andere Ihre Wünsche erraten?
- Reagieren Sie auf Menschen, die klar sagen, was sie wollen, mit Ablehnung, Ärger oder Neid?
- Träumen Sie zuweilen davon, in einem Beruf mit klaren Arbeitszeiten tätig sein zu dürfen?
- Wie war das Gleichgewicht zwischen Geben und Nehmen in Ihrer Herkunftsfamilie?
- Welche Reaktionen gab es in Ihrer Herkunftsfamilie, wenn Sie Wünsche äußerten oder sagten »Ich will« oder »Ich will nicht!«?
- Wie wurde in Ihrer Herkunftsfamilie mit Grenzen umgegangen?
- Wünschen Sie sich manchmal, der Tag habe mehr als 24 Stunden?
- Arbeiten Sie öfters auch am Wochenende und gibt das Streit zu Hause?
- Haben Sie ein schlechtes Gewissen, wenn Sie Arbeit mit nach Hause nehmen?
- Bewundern Sie Menschen, die angeblich mit nur vier Stunden Schlaf auskommen?
- Gibt es in Ihrer Partnerschaft immer wieder Streit darüber, dass Sie so viel arbeiten?

Anhand Ihrer Antworten können Sie selbst entscheiden, inwieweit dieses Thema für Sie relevant ist. Eine ganz andere Frage ist, ob Sie daran überhaupt etwas ändern wollen.

Wenn ja, heißt das, dass Sie sich mit einigen vielleicht unangenehmen Wahrheiten auseinandersetzen müssen. Das Gute daran ist: Wenn Sie das tun, werden Sie verstehen, warum und wie sich diese Psychofalle bei Ihnen entwickelt hat. Und vor allem, wie Sie sich wieder daraus befreien.

Sind Sie bereit? Dann kommen wir zur ersten unangenehmen Wahrheit:

Andere haben auch einen Job und Kinder

Sie übersehen, dass Karriere und Familie zwei Jobs sind. Aus gutem Grund sind Nebentätigkeiten in den meisten Arbeitsverträgen verboten oder nur in geringem Umfang möglich und dann genehmigungspflichtig. Weil Ihr Arbeitgeber will, dass Sie Ihren Job gut machen und nicht abends noch Taxi fahren oder Laminatböden verlegen. Weil Ihr Chef weiß, dass Sie auch Zeiten der Erholung brauchen, und er an der Erhaltung Ihrer Arbeitskraft stark interessiert ist.

Ein Kleinkind im ersten Jahr ist aber brutal anstrengend. Und im zweiten Jahr ist es nicht viel besser. Dagegen ist abends Taxifahren die reinste Erholung.

> *Ich erinnere mich gut an die Zeit, als unsere Kinder klein waren und ich morgens mit dem zerknitterten Gesicht eines 86-Jährigen in die Praxis fuhr und dieses unangenehme Spannungsgefühl um die Augen spürte, das davon kam, dass ich mal wieder die letzte Nacht nicht durchgeschlafen hatte, sondern unseren Sprössling fünfmal zu beruhigen suchte.*

Eine weitere Wahrheit, die Sie zu selten beherzigen, ist:

Sie müssen es nicht allen recht machen

Ihre Überzeugung »Ich muss immer nett sein und es allen recht machen« ist ein innerer Antreiber (siehe Seite 46), den Sie vermutlich aus Forderungen und Situationen mit Ihren Eltern entwickelt haben. Dahinter steckt die Überzeugung, dass, wenn Sie sich abgrenzen oder öfter »Nein« sagen würden, etwas Schlimmes passieren könnte.

> *Als der Chef abends um 19 Uhr mit einem dringenden Auftrag ins Großraumbüro kommt, sitzen dort noch fünf Mitarbeiter. Im Geist geht er sie der Reihe nach durch, wen er dazu bewegen kann, jetzt noch eine Überstunde*

dranzuhängen. Mit einem hilfesuchenden Blick wendet er sich an Frau F.: »Sie sind meine letzte Rettung! Ich weiß, es ist spät, aber dieser dringende Auftrag muss heute noch raus. Könnten Sie das für mich machen?«

Frau F. hat für den Abend schon etwas anderes vor, spürt ein »Nein« auf der Zunge und schaut ihrerseits hilfesuchend zu ihren Kollegen. Die gucken alle angestrengt auf ihren Monitor. »Also gut«, wendet sich Frau F. an ihren Chef, »ich mach's!«

Menschen, die sich schlecht oder gar nicht abgrenzen können, befürchten, dass Ihr »Nein« nicht akzeptiert wird, sondern einen Konflikt heraufbeschwört. Und dass sie in diesem Konflikt verlieren würden. Mit anderen Worten, sie könnten erleben, dass ihre Wünsche weniger wert sind als die des anderen. Dass sie sich anpassen oder unterordnen müssen, weil sonst der andere ärgerlich wird oder sich kühl zurückzieht. Kurz gesagt: dass die einzige »gute« Verhaltensweise darin besteht, dem Willen des anderen nachzugeben – und die eigenen Wünsche zu opfern.

Es anderen recht zu machen, lernt man meist zuerst in der Herkunftsfamilie. Entweder weil man das Vorbild einer sich aufopfernden Mutter übernommen hat oder in einer kinderreichen Familie aufwuchs, wo gesunder Egoismus schon als gemeinschaftsschädigend galt und man mit dem Satz gerügt wurde: »Wenn jetzt alle das wollten!?«

Eine weitere Wahrheit, die Menschen, die sich zwischen Beruf und Familie aufreiben, oft übersehen, ist:

Sie haben Grenzen

Hier spielt oft der innere Antreiber »Sei stark!« eine starke Rolle. Denn jeder Mensch hat Grenzen. Grenzen der Kraft, der Belastbarkeit, der Energie, der Motivation. Menschen, die sich gegen die Wünsche von anderen schlecht abgrenzen können, sind oft tief davon überzeugt, dass ihnen unbegrenzte Kraftreserven zur Verfügung stehen. Dabei haben sie meist großes Verständnis dafür, wenn andere auf ihre Belastbarkeit hinweisen. Mit sich selbst sind sie aber in diesem Punkt unnachgiebig und gnadenlos streng. Deswegen werden auch Signale, die an diese Grenzen erinnern, nicht wahrgenommen, bagatellisiert oder rationalisiert:

> *»Du siehst in letzter Zeit oft so müde aus. Geht's dir nicht gut?« – »Echt, mir geht's prima. Manchmal bisschen Kopfweh. Aber wer hat das nicht.«*
>
> *»Sie haben zu hohen Blutdruck. Das kommt vom Stress. Sie müssen mal abschalten und zwei Gänge zurückschalten.« – »Sie haben ja recht, Doktor. Aber in meinem Job zurückschalten, das geht einfach nicht.«*
>
> *»Du bist immer so gereizt, wenn du nach Hause kommst. Sagen die Kinder auch …? – »WER IST HIER GEREIZT?? Hör du auf, an mir rumzunörgeln.«*

Wie sich diese Psychofalle entwickeln kann

In meinen Persönlichkeitsseminaren habe ich beobachtet, dass es vor allem zwei Gruppen von Menschen sind, die mit diesem Thema zu tun haben.

Das sind zum einen Menschen, die schon in der Herkunftsfamilie erlebt haben, dass es keine Trennung zwischen Beruf und Privatleben gibt: Wer auf einem Bauernhof, vor allem mit Tieren, aufgewachsen ist, erlebt von klein auf, dass der Hof immer vorgeht und die Arbeit nie zu Ende ist. Wann man morgens aufsteht, bestimmen die Kühe, die gemolken werden müssen, der Wochenendausflug muss verschoben werden, weil die ersten trockenen Tage zum Ernten genutzt werden. Aber auch wer in einer Familie aufwächst, wo die Eltern eine Gastwirtschaft oder ein Ladengeschäft betreiben, erlebt früh, dass er je nach Alter zu entsprechenden Arbeiten herangezogen wird und keine gute Ausrede hat, denn alle in der Familie helfen mit – selbst noch die 75-jährige Oma.

Und ebenfalls häufig entwickeln Menschen diese Psychofalle, die früh gelernt haben, dass hohe Ansprüche an sie gestellt werden, denen sie gerecht werden wollten oder mussten: In einer Familie mit vielen Kindern haben die älteren Geschwister oft neben ihren schulischen Pflichten auch noch die Aufgabe, die jüngeren Geschwister mitzuversorgen oder mitzuerziehen. Oder die Eltern trennen sich, und der zwölfjährige Junge beginnt durch Zeitungaustragen und Nachhilfegeben das spärliche Einkommen der Mutter, die putzen geht, aufzubessern. Oder ein Mädchen wird angehalten, dass sie nicht nur in der Schule zu den Besten gehören soll, sondern auch im Tennis, im Ballett, beim Geigespielen …

Wer sich in dieser Psychofalle verfangen hat, für den ist es wichtig, den Unterschied zwischen Bedürfnissen und Ansprüchen kennenzulernen.

Bedürfnisse können körperlicher oder geistiger Art sein. Beispielsweise hat man Lust, etwas zu essen, sich körperlich zu bewegen, etwas zu lesen. Das Charakteristische an einem Bedürfnis ist, dass, wenn man dem Bedürfnis entsprechend handelt, das Bedürfnis in aller Regel gestillt wird. Wer Hunger auf Hühnersalat hat und diesen im Kühlschrank findet, ist nach dem Genuss satt und zufrieden. Wer gerne läuft, zieht nach der Arbeit seine Joggingschuhe an und läuft vielleicht eine Weile. Danach ist er mehr oder weniger erschöpft, der Bewegungsdrang ist befriedigt. Und alles ist gut.

Ansprüche – bei sich und bei anderen – erkennt man oft daran, dass sie nur schwer zufriedenzustellen sind. Denn Ansprüche sind nur lose mit einem Bedürfnis verbunden, viel stärker drücken sie aus, wie etwas zu sein hat oder sein sollte. Wer also keinen Hühnersalat im Haus hat, schmiert sich vielleicht ein Butterbrot und wird dadurch satt. Kommt ihm jedoch der eigene Anspruch dazwischen, dass es ernährungsphysiologisch besser wäre, etwas mageres weißes Fleisch zu sich zu nehmen, bekommt jetzt ein Problem. Und der Feierabendjogger hört vielleicht nach zwanzig Minuten japsend auf, hat aber im Ohr, dass es nichts bringt, immer dieselbe Zeit zu laufen, und er unbedingt länger trainieren müsse.

Vereinfacht gesagt: Ein Bedürfnis lässt sich befriedigen, ein Anspruch nicht, weil er immer weiter wächst. Die erreichte Grenze auf der Anspruchsgeraden ist kein Ziel, nach dem man aufhören kann, sondern nur eine Etappe in einem Rennen, in dem es gar keine Ziellinie gibt.

Menschen, die sich zwischen Beruf und Familie aufreiben, versuchen einen Spagat, den andere bewundern mögen und zuweilen kommentieren mit: »Was du alles schaffst!«. Doch der Betreffende kann oft die geleistete Arbeit und den Preis, den ihn das kostet, gar nicht mehr sehen oder spüren. Er sieht mit der Brille seiner Ansprüche vor allem das, was er alles *noch nicht* geschafft hat.

Beim Entwickeln dieser Psychofalle ist es nützlich, als innere Stimme einen gnadenlosen »Sei-perfekt!«-Antreiber zu haben. Der es einem unmöglich macht, wenn man abends vom Job kommt, eine Tiefkühlpizza in den Ofen zu schieben, der einen stattdessen antreibt, noch schnell ein biodynamisch-ausgewogenes Abendmenü zu kochen. Der es einem auch schwer macht, endlich einen Geschirrspüler zu kaufen, weil man handgespülte Teller ökologisch für einwandfreier hält. Und durch den uns abends auf dem Nachttisch nicht ein Glas Rotwein erwartet, sondern ein Stapel Fachzeitschriften, die laut rufen: »Lies uns endlich, du Faulpelz!«

Wenn Sie tiefer gehen wollen

Nun schlage ich Ihnen einige hilfreiche Sätze und Experimente vor, mit denen Sie den Zusammenhang zwischen dem Thema dieser Psychofalle und Beziehungserfahrungen in Ihrer Herkunftsfamilie näher untersuchen können.

Den meisten Gewinn haben Sie, wenn Sie sich dabei im *Zustand der Achtsamkeit* (siehe Seite 53) befinden. Denn es geht nicht um verstandesmäßige Antworten, sondern um Reaktionen aus Ihrem Unbewussten.

Denken Sie also über die Fragen und Experimente nicht nach, sondern achten Sie – am besten mit geschlossenen

Augen – darauf, welche inneren Reaktionen Sie beobachten können.

- *Reaktionen im Körper*
  Irgendwo spannt sich etwas an oder entspannt sich. Irgendwo wird es warm oder kalt. Irgendwo im Körper geht etwas auf oder zu.
- *Reaktionen im Gefühlsbereich*
  Sie bemerken eine Stimmungsänderung nach dem Satz oder dem Experiment. Sie werden zum Beispiel traurig oder fröhlich, fühlen sich entlastet oder bedrückt, werden ärgerlich oder ganz ruhig.
- *Reaktionen im Gedankenbereich*
  Sie beobachten einen zustimmenden oder einen ablehnenden Gedanken, vielleicht auch einen skeptischen, zweifelnden Gedanken. Es gibt keine richtige oder falsche Reaktion.

Hilfreiche Sätze

Setzen Sie sich bequem hin, lesen Sie vorher den Satz, den Sie dann, nachdem Sie Ihre Augen geschlossen haben, leise oder laut vor sich hinsagen. Achten Sie genau auf Ihre inneren Reaktionen. Die mögen deutlich oder kaum wahrnehmbar sein. Wie Sie Ihre Reaktionen auf den jeweiligen Satz interpretieren können, können Sie auf Seite 55 noch einmal nachlesen.

- »Ich habe Grenzen.«
- »Ich darf meine Grenzen ernst nehmen.«
- »Ich spüre manchmal meine Grenzen.«
- »Grenzen sind okay.«
- »Manchmal ist mir alles zu viel.«
- »Wenn mich jemand nicht mag, bin ich nicht schuld.«
- »Ich bin getrennt von anderen und ein Mensch für sich.«
- »Ich muss es nicht allen Menschen recht machen.«
- »Es müssen mich nicht alle Menschen mögen.«
- »Ich darf sagen, was mich stark belastet.«

Mein Tipp: Einfach durchlesen bringt nichts. Mit dem Verstand werden Sie die meisten Sätze bejahen oder nichts Besonderes daran finden. Die Sätze sind aber dazu gedacht, dass Sie Ihre inneren Landkarten damit erforschen. Und dafür ist es wichtig, dass Sie Ihre Aufmerksamkeit nach innen richten, also innerlich achtsam sind.

Also noch mal: Satz lesen – Augen zu – Satz laut sagen – und auf Ihre Reaktionen in den ersten drei bis fünf Sekunden achten.

Die hier genannten hilfreichen Sätze und die nachfolgenden Experimente können ganz schön aufwühlend sein. Das ist vielleicht nicht angenehm, aber notwendig, wenn Sie etwas an diesem Thema verändern wollen. Und es ist ein gutes Zeichen. Zeigt es Ihnen doch, dass Sie auf dem richtigen Weg sind. Denn vermutlich sind Sie mit Bildern, Erinnerungen oder Gefühlen von früher in Kontakt gekommen. Situationen, in denen Sie – als Kind oder Jugendlicher – eine bestimmte Verhaltens-Landkarte entworfen haben. Oder anders gesagt: eine Überlebensstrategie entwickelt haben, um mit dieser schwierigen Situation fertig zu werden.

Die gute Nachricht: Ihre Strategie hat sich bewährt. Sie haben »überlebt«. Die noch bessere Nachricht: Sie brauchen diese Strategie heute nicht mehr so dringend. Es gibt bessere Verhaltensalternativen.

Die Experimente

Hören Sie einen Tag auf zu jammern

Sie wollten ein Kind – oder mehrere. Und Sie wollen Geld verdienen. Beides zusammen kostet Ihre Zeit und Ihre Energie. Ihr erster Schritt auf dem Weg zur Balance: Hören Sie auf zu jammern. Das ist ganz entscheidend, wenn Sie etwas ändern wollen.

Hören Sie auf zu jammern! Denn das bringt Sie in die Opferposition. Denn Sie können Ihre Situation sofort ändern.

Im Ernst: Sie müssen nicht für Ihr Kind oder Ihre Familie sorgen. Sie können sie verlassen. Jetzt. Sofort. Nehmen Sie einfach Ihre Kreditkarte mit und verlassen Sie die Wohnung. Hunderttausend Männer – und etwa zehn Frauen – tun das weltweit jeden Tag. Und Sie sind frei! Können tun und lassen, was Sie wollen. Okay, nichts ist umsonst im Leben. Auch diese Entscheidung hat ihre Folgen, vermutlich in Form von mehr oder weniger starken Schuldgefühlen. Aber viele Menschen leben prächtig mit ihren Schuldgefühlen.

Sie müssen auch nicht arbeiten. Sie können, ohne einen Finger krumm zu machen, einigermaßen leben und haben alle Zeit der Welt. Millionen in Deutschland tun das. Okay, auch das hat seinen Preis. Sie werden etwas bescheidener leben, aber wenn Sie entsprechende TV-Sendungen kennen, wissen Sie, dass viele Menschen, die nicht arbeiten, trotzdem einen Flachbildfernseher und pro Familie drei Handys haben.

Verstehen wir uns recht: Ich will niemand diskriminieren und nicht vermitteln, dass Arbeitslosigkeit und Armut einem nicht Sorgen machen können. Es geht mir darum, Ihnen eines zu verdeutlichen: Sie können wählen. Und Sie tragen die Konsequenzen – immer. Und auch die Folgen von Begleitumständen, die Sie vorher nicht kennen und abschätzen können. Ihre jetzige Lebensweise – die Sie auch selbst gewählt haben – hat ebenso ihren Preis: Ihre Wünsche und Ansprüche halten sich selten an die Grenzen Ihres finanziellen Budgets. Ereignisse wie zusätzliche Arbeitstermine oder Ausfall der Tagesmutter bringen Ihre ausgeklügelten Zeitpläne immer wieder ins Wanken. Das haben Sie sich ausgesucht.

Also: Hören Sie auf zu jammern.

Riskieren Sie pro Tag einen Konflikt

Wenn Sie es allen recht machen wollen, dann wohl nur deshalb, weil Sie befürchten, sonst nicht geliebt zu werden. Das ist die wichtigste Erkenntnis, die Sie zur Veränderung brauchen.

Dass Sie es allen recht machen wollen, hat nichts damit zu tun, dass Sie ein harmoniebedürftiger Mensch sind. Das mag sein, ist aber nur eine netter klingende Formulierung dafür, dass Sie glauben, dass Sie es nicht aushalten könnten, wenn Sie mal jemand *nicht* mögen würde. – Mögen Sie eigentlich alle Menschen, mit denen Sie zu tun haben?

Sie haben Angst vor den Gefühlen, die Konflikte in Ihnen auslösen. Das ist der entscheidende Punkt. Denn diese Gefühle beziehen sich nicht wirklich auf Ihren Vorgesetzten oder Ihre Kollegen. Ihre unangenehmen Gefühle stammen aus einer Zeit, in der ein Streit tatsächlich ungeheuer bedrohlich für Sie war. Weil Sie sehr abhängig waren von den vorhandenen Bezugspersonen. Und zu der Zeit haben Sie auch erlebt, dass Ihre Meinung wenig respektiert oder gar bestraft wurde.

Sie haben bereits so viel in Ihrem erwachsenen Leben gelernt, warum sollten Sie nicht lernen können, Konflikte auszuhalten und zu regeln? Probieren Sie es doch einmal aus! Wenn Sie sich nicht gleich in einen Konflikt hineinstürzen, sondern sich lieber »vorbereiten« wollen, finden Sie eine kurze Beschreibung auf dem Blog zum Buch www.ichkannauchanders-blog.de

Respektieren Sie pro Tag eine Ihrer Grenzen

Manche Menschen erkennen ihre Grenzen erst dann, wenn sie sie überschritten haben. Weil sie die Signale, die sie einige Zeit vorher darauf hinweisen, dass sie sich einer Grenze nähern, stur ignorieren. Das wäre genauso, als wenn jemand mit seinem Auto erst wegen Benzinmangels liegen bleiben muss, um zu erkennen, dass eine Tankanzeige ein nützliches Instrument ist und die Hinweise der Tankanzeige nicht als Ansporn zu verstehen sind, über die Grenze zu gehen: »Was, nur noch fünf Liter? Jetzt aber mal Vollgas und schauen, wie weit wir damit kommen!«

Zwar haben Sie für die Anzeige der Grenzen Ihrer Leistungsfähigkeit kein so exakt ablesbares Instrument wie eine Tankanzeige. Aber eins ist sicher: Sie haben Grenzen. Sogar Sie! Grenzen der Kraft, der Leistungsfähigkeit, der Motivation usw.

Machen Sie sich jeden Tag eine dieser Grenzen klar und

respektieren Sie diese wenigstens in einer Ihrer Handlungen oder Entscheidungen bewusst. Verschieben Sie das nicht, bis Ihr Leidensdruck groß genug ist. Denn Ihr Leiden führt Sie wahrscheinlich nicht zur Veränderung.

Einen Herzinfarkt zu erleiden, ist eine schlimme schmerzhafte Sache. Jenseits der chirurgischen Maßnahmen wird dem Betroffenen immer auch eine Änderung der Lebensweise angeraten, die als mitverursachend für den Infarkt gesehen wird. Also Verzicht auf Nikotin, fettes Essen, stattdessen mehr Bewegung.

Man sollte meinen, dass ein so schmerzhafter und bedrohlicher Schuss vor den Bug fast jeden dazu bringt, die entsprechenden Grenzen zu respektieren. Untersuchungen aus den USA zeigen, dass dort nur 50 Prozent der Patienten die Anweisungen bezüglich Medikamente befolgen und lediglich etwa 10 Prozent bereit sind, ihre Lebensweise zu ändern.

Leidensdruck ist also keine verlässliche Motivation. Das lernte ich ganz früh während eines Psychologiepraktikums in einer Klinik, wo Rauchern ein Lungenflügel entfernt oder ein Bein abgenommen wurde. Was meinen Sie, was das Erste war, das fast alle Patienten taten, nachdem sie aus der Narkose erwacht waren?

Was Sie noch tun können

Arbeiten Sie mit den Sätzen von Seite 67. Nehmen Sie einen Satz für ein paar Tage und sagen Sie diesen Satz so vor sich hin, wenn Sie alleine sind. Im Auto, auf dem Klo, morgens im Bad. Und achten Sie wieder auf Ihre Reaktionen. Außerdem ist es hilfreich, einiges davon in Ihr Logbuch zu schreiben.

Und noch ein Vorschlag: Schreiben Sie Ihre Einfälle zu der folgenden Frage in Ihr Logbuch:

📖 Angenommen, Sie würden sich ab nächster Woche nicht mehr zwischen Beruf und Familie aufreiben: Was würden Sie anders machen?

2. »Ich kann mich nicht gut verkaufen.«
Ihre Angst vor Konkurrenz und Ablehnung überwinden

> »Manche Menschen können 2 und 2 nicht
> zusammenzählen,
> aber allen vermitteln, dass 5 eine gute Lösung sei.
> Das nennt man ›Emotionale Intelligenz‹.«
>
> *Dieter Nuhr*

Mit 26 Jahren nahm ich einen Job als Vermögensberater bei Bonnfinanz an und begann Lebensversicherungen und Bausparverträge zu verkaufen. Damals gab es kein Grundgehalt, was bedeutete, dass man jeden Monat bei null anfing. Das Schwerste dabei war, die ersten 1000 Mark an Provisionen zu verdienen. Wenn ich erst einmal Abschlüsse für 1000 Mark in der Tasche hatte, lief es plötzlich wie von allein. Ich fragte einen erfahreneren Berater, womit das zusammenhinge. Seine Antwort: »Du verkaufst keine Lebensversicherungen, du verkaufst dich. Und am Monatsanfang bist du unsicher, weil du noch nichts verdient hast, deswegen ist es anfangs schwer. Nach 1000 oder 2000 Mark bist du sicher und strahlst Erfolg aus. Der Kunde spürt, dass du seine Unterschrift unter den Vertrag nicht wirklich brauchst, weil du schon erfolgreich bist – und deswegen unterschreibt er von selbst. Du musst ihn nicht groß überzeugen.«

Im Grunde müssen wir uns dauernd verkaufen. Egal, ob wir uns für einen neuen Job bewerben, jemanden kennenlernen wollen, in einer neuen Gruppe Kontakt suchen oder uns dem Vermieter als 1-a-Interessent für die angebotene Wohnung präsentieren wollen.

Mit Verkaufen meine ich einen natürlichen Prozess, der sich, seit es Menschen gibt, nicht wesentlich verändert hat. Dieser Prozess verläuft in fünf Schritten:

- Sie machen etwas *Smalltalk,* um sich und Ihr Gegenüber »anzuwärmen«.
- In einer *Bedarfsanalyse* versuchen Sie herauszufinden, was der andere will.
- In der *Präsentation* zeigen Sie Ihr Produkt oder eben Ihre positiven Eigenschaften.
- In der *Einwandbehandlung* versuchen Sie, die Argumente Ihres Gegenübers gegen den Kauf zu entkräften.
- In der *Abschlussphase* wollen Sie zum Ende (Unterschrift, Kuss etc.) kommen.

Manche Menschen beherrschen diese Kunst des Verkaufens, die ein hohes Maß an Selbstpräsentation enthält, perfekt. Aber es gibt auch viele Menschen, die damit ihre Mühe haben.

> *Ralf Z. hatte sich auf das Meeting sorgfältig vorbereitet. Schließlich ging es um ein Projekt, zu dem er wichtige Impulse geliefert hatte. Als er etwas umständlich die Sache erklären wollte, ergriff ein Projektmitarbeiter das Wort und erklärte die Einzelheiten, sodass der Eindruck entstand, die Ideen von Herrn Z. stammten von dem Kollegen.*

Fragen zum Thema

- Fällt es Ihnen leicht, auf einer Party mit fremden Menschen in Kontakt zu kommen?
- Ärgern Sie sich, dass Sie in einem Meeting zu wenig oder gar nichts gesagt haben?
- Hören Sie oft eine innere Stimme, die Sie davor warnt, etwas Dummes oder Unpassendes zu sagen?
- Fällt es Ihnen schwer, als Selbstständiger ein angemessenes Honorar zu verlangen oder als Angestellter nach einer Gehaltserhöhung zu fragen?
- Ist es Ihnen peinlich, von sich aus etwas von Ihnen zu erzählen, und hoffen Sie darauf, dass jemand Sie dazu befragt?
- Fällt es Ihnen schwer, eine Rede oder einen Vortrag von fünf Minuten zu halten?

- Haben oder hatten Sie vor Prüfungen meist starke Angst, obwohl Sie gut vorbereitet waren?
- Haben Sie in Gesprächen öfters den Impuls, etwas zu sagen, und tun es dann doch nicht?
- Gehen Ihnen andere Menschen, die viel reden, schnell auf die Nerven?
- Fällt es Ihnen schwer, neue Kunden zu finden, weil sie ungern Akquise betreiben?
- Angenommen, Sie werden gebeten aufzuzählen, was Ihre besonderen beruflichen Stärken sind – fallen Ihnen mehr als zwei Punkte ein?

Wie sich diese Psychofalle entwickeln kann

Aus meiner Zeit als Versicherungsvertreter und später als Vertriebstrainer für große Firmen weiß ich, dass es vielen Menschen schwerfällt, ihr Produkt oder ihre Dienstleistung fremden Menschen anzubieten. Das hat auch damit zu tun, weil man in der Regel mit seinem Produkt innerlich identifiziert ist. Lehnt ein möglicher Kunde mein Angebot ab, kann es passieren, dass ich diese Ablehnung persönlich nehme. Zwar lehnt er nur mein Produkt ab, aber im Grunde fühle ich mich mit abgelehnt. Deshalb vermeiden viele Menschen Akquise – sogar professionelle Verkäufer. Und darum mögen sie es am liebsten, wenn der Interessent zu einem kommt oder anruft oder fragt, also wenn der andere etwas von einem will.

Schwierigkeiten, etwas oder sich selbst zu verkaufen, haben oft mit diesen inneren Landkarten zu tun:

Was ich kann, ist nicht viel wert

Ob die Eltern einem Kind eine gute Schulbildung, Lehre oder ein Studium anraten und ermöglichen, hat viel mit der Einstellung der Eltern zu tun. Eigene nicht erfüllte Träume der Eltern können dabei eine Rolle spielen, aber auch die Angst, das eigene Kind »könnte mal was Besseres werden«. Hofft man darauf, dass ein Kind mal die elterliche Gastwirtschaft oder den Hof übernimmt, spielen auch solche Überlegungen bei der Einschätzung der Ausbildungschancen eine Rolle.

Was ich kann, können andere auch
Wer in Kindheit und Jugend öfters den Satz hört, er sei nichts Besonderes, oder andere abfällige Einschätzungen über sich, kann mit der Zeit ein negatives Selbstbild entwickeln.

Eine abwertende Haltung zum Verkaufen insgesamt
Der Beruf des Vertreters oder Verkäufers hat in Deutschland einen schlechten Ruf. Deswegen hießen wir bei Bonnfinanz auch »Vermögensberater«. Klingt doch gleich ganz anders. Mittlerweile gibt es in allen Branchen fast nur noch Vertriebsmitarbeiter oder am besten gleich »Sales consultant«.

Wenn Sie tiefer gehen wollen

Wie wir mit anderen ins Gespräch kommen, lernen wir ganz früh: im Kindergarten, in der Grundschule mit Kindern, aber auch im Elternhaus. Vor allem, wenn die ganze Familie beim Essen zusammenkommt, werden die offiziellen und inoffiziellen Regeln sichtbar. In manchen Familien galt früher das Gesetz »Beim Essen wird nicht gesprochen« oder »Kinder soll man sehen, nicht hören« oder ähnliche Sinnsprüche und Regeln, die die Kommunikation einschränken und die Zurückhaltung heiligsprechen.

Maria, eine erfolgreiche Marketingleiterin, wollte in einem Coaching herausfinden, was hinter ihrer extremen Zurückhaltung steckte. Sie hatte kluge Ideen, die sie schriftlich auch sehr gut und überzeugend darstellen konnte. Wurde sie jedoch aufgefordert, beim Kunden dieselben Ideen in einem kurzen Vortrag zu präsentieren, fand sie alle möglichen Ausflüchte.
Als wir nach den Gründen für ihr Verhalten, das ihre weiteren Karrierechancen massiv beeinflusste, forschten,

machte sie eine interessante Entdeckung. Nachdem ich sie danach gefragt hatte, wer in ihrer Familie am meisten geredet habe, fiel ihr sofort ihre Mutter ein. »Und wie war das für Sie als Kind?«, wollte ich wissen. »Schrecklich!« – und nach einer Weile fügte sie hinzu: »Und damals habe ich mir geschworen, mich nie so in den Vordergrund zu drängen wie sie.«

Unglücklicherweise übersehen wir als Erwachsene oft, dass wir unser Verhalten nach Informationen und Einschätzungen richten, die heute nicht mehr gültig sind. Wir versäumen es, unsere Landkarten zu aktualisieren, so wie es jeder Verlag mit seinen Reiseführern oder Stadtplänen macht. Denn es fällt uns gar nicht auf, dass wir uns nach einer veralteten Landkarte richten. *Unsere Landkarte ist für uns die Landschaft.*

Maria merkte zwar, dass ihre Zurückhaltung für eine Kundenpräsentation nicht angebracht war, jedoch konnte sie nicht verstehen, warum sie sich so verhielt. Auch hier half der Satz »Symptome sind Lösungen« auf die richtige Spur: Maria hatte den bis dato unbewussten Konflikt, in punkto Redeverhalten nie so werden zu wollen wie ihre Mutter. Die beste Lösung, die sie bis dahin gefunden hatte, war Zurückhaltung, was jedoch für ihre berufliche Position kontraproduktiv war. In dieser unbewussten Psychofalle war sie gefangen.

Als sie verstanden hatte, was ihr im Weg stand, konnte sie neue Verhaltensweisen ausprobieren. Mit Maria arbeitete ich eine Weile mit folgenden Sätzen (in Achtsamkeit):

- »Ich bin anders als meine Mutter.«
- »Andere wollen wissen, was ich weiß.«
- »Mama, ich mache es etwas anders als du.«

Wenn die Sätze richtig gewählt sind, lösen sie meist einen inneren Prozess mit mehr oder weniger heftigen Gefühlen aus. Das ist mitunter schmerzlich, wirkt aber auch entlastend. Vor allem ist es ein Zeichen, dass Sie auf dem richtigen Weg sind: Wenn Sie spüren, dass Sie einen Satz schwer oder gar nicht sagen können oder deutliche Körperempfindungen oder Gefühle dazu spüren, wissen Sie, dass Sie sich in Richtung Ihres inneren Konflikts bewegen.

Hilfreiche Sätze

Setzen Sie sich bequem hin, lesen Sie vorher den Satz, den Sie dann, wenn Sie Ihre Augen geschlossen haben, leise oder laut vor sich hinsagen. Achten Sie genau auf Ihre inneren Reaktionen. Die mögen deutlich oder kaum wahrnehmbar sein. Wie Sie Ihre Reaktionen auf den jeweiligen Satz interpretieren können, können Sie auf Seite 55 noch einmal nachlesen.

- »Ich habe etwas Wertvolles (Besonderes) anzubieten.«
- »Was ich habe, können andere gut brauchen.«
- »Ich kann mich zeigen.«
- »Hier bin ich.«
- »Mein Preis (Honorar) ist angemessen.«
- »Ich kann frei sagen, was ich will.«
- »Menschen wollen hören, was ich zu sagen habe.«
- »Ich darf meine Kompetenz zeigen.«
- »Ich darf zeigen, wer ich bin und was ich kann.«
- »Ich darf meinen eigenen Redestil finden.«
- »Ich kann verkaufen.«

Die Experimente

Wenn Sie etwas in diesem Bereich ändern wollen, ist es unumgänglich, Ihren Ängsten zu begegnen. Das heißt, Sie sollten nun Ihre Ängste kennenlernen, aber auch erleben, dass Ihre Ängste entweder ziemlich übertrieben oder vielleicht gar nicht berechtigt sind und vor allem, dass Sie irgendwie damit fertig werden können.

Der Angst, der Sie beim Thema »Verkaufen« am meisten begegnen werden, ist Ihre Angst vor Ablehnung. Abgelehnt zu werden ist kein schönes Gefühl, vor allem, wenn man es mit

Menschen erlebt, die für einen wichtig sind. Aber abgelehnt zu werden ist auch keine Katastrophe. Für ein Kleinkind schon. Wenn die Mutter ein böses Gesicht macht, fangen die meisten Babys an zu schreien. Für ein Kleinkind ist die Beziehung zu den Eltern lebensnotwendig. Und ein Fünfjähriger kann nicht sein Bündel packen und das Elternhaus verlassen. Er muss sich mit den Erwachsenen, seinen Geschwistern, Schulkameraden usw. arrangieren, egal wie die ihn behandeln. Die gute Nachricht: Wir haben das alle geschafft – irgendwie. Die weniger gute Nachricht: Die dabei gefundenen Verhaltensstrategien beeinflussen uns noch heute.

Also, Sie werden Ihre Angst nicht los, indem Sie angstauslösende Situationen vermeiden. Dadurch wird die Angst nur verstärkt und wird im ungünstigen Fall größer oder breitet sich auf andere Situationen aus. Ängsten muss man aktiv entgegengehen – um dann meist zu erleben, dass sie schwächer werden und aushaltbar sind oder ganz verschwinden.

Die folgenden Experimente sind Gelegenheiten, sich ganz langsam an Ihre Angst heranzutasten und zu erleben, was eigentlich passiert, wenn Sie das tun. Interessant ist bestimmt auch, Ihre Reaktionen zu beobachten, wenn Sie die Experimente jetzt nur lesen. 🕮 Vielleicht mögen Sie sich dazu gleich einige Stichworte in Ihrem Logbuch notieren?

■ Rufen Sie eine x-beliebige Telefonnummer an. Warten Sie, bis sich jemand meldet. Bitten Sie darum, Herrn oder Frau Kreuzer oder einen anderen Fantasienamen zu sprechen. Wenn klar wird, dass dies die falsche Nummer ist, entschuldigen Sie sich und legen dann auf.
Das Experiment können Sie erweitern, indem Sie es in die Länge ziehen: Bestehen Sie darauf, dass das die richtige Nummer sein muss. Oder stellen Sie sich dumm und fragen Sie immer wieder, wann denn Herr Kreuzer wiederkommt, weggegangen ist usw.

■ Stecken Sie auf der Straße Ihre Armbanduhr in die Tasche und fragen Sie Passanten nach der Uhrzeit.

Erweitern Sie das Experiment, indem Sie fragen, ob die Uhr denn wirklich richtig gehe, wirklich die ganz genaue Uhrzeit zeige, ob es sicher sei, wann die Uhr das letzte Mal überprüft wurde …

■ Gehen Sie in ein Geschäft. Verwickeln Sie den Verkäufer in ein interessiertes Gespräch über die ausgelegten Waren, aber kaufen Sie nichts. Bedanken Sie sich für die freundliche Beratung und gehen Sie aus dem Geschäft.

Alle diese Experimente sind nicht als Mutproben gedacht, obwohl Sie Ihnen vermutlich einigen Mut abverlangen. Es geht darum, dass Sie sich in Kontaktsituationen erleben. Sie müssen diese gar nicht bravourös oder völlig cool meistern. Es geht darum, dass Sie erleben, dass Ihre Ängste, abgelehnt zu werden, manchmal zutreffen – und manchmal nicht. Aber das Wichtigste ist, dass Sie erleben, dass Sie stärker als Ihre Angst sind. Dass Sie vielleicht schweißnasse Hände bei einer Aufgabe haben und Ihr Puls schneller geht, aber dass sonst nichts Besonderes passiert. Der andere lehnt Sie ab oder wird unfreundlich. Na und? – Nichts.

Was Sie noch tun können

Arbeiten Sie mit den Sätzen von Seite 77. Nehmen Sie einen Satz für einen oder mehrere Tage, beobachten Sie Ihre inneren Reaktionen und schreiben Sie diese in Ihr Logbuch. 📖
Beobachten Sie, wie andere Menschen Kontakte knüpfen. Entweder mit Ihnen oder anderen. Es gibt viele verschiedene Möglichkeiten, mit anderen Kontakt aufzunehmen. Manche fangen an, von sich zu erzählen. Andere stellen interessierte Fragen. Der angenehmste Kontakt entsteht meist aus einer Mischung zwischen diesen beiden Möglichkeiten. Letztlich kommt es darauf an, dass Sie Ihren eigenen Weg finden, andere Menschen kennenzulernen oder ins Gespräch zu kommen. Einen Weg, der funktioniert und bei dem Sie sich wohlfühlen.

3. »Ich kann schlecht ›Nein‹ sagen.«

Sich die Freiheit erlauben, auch mal egoistisch zu sein

> »Nur weil ihr Therapeut empfahl,
> sich stärker abzugrenzen, muss sie mir nicht
> mit dem Nächster-Kunde-Balken
> die Finger abhacken.«
>
> *Peter Breuer*

In dem berühmten Milgram-Experiment von 1960 sollen Versuchspersonen einen angeblichen »Schüler« für Lernfehler mit zunehmend starken Stromschlägen bestrafen. Die meisten Versuchspersonen gehorchten dabei trotz der simulierten lauten Schmerzensschreie der vermeintlich von ihnen Bestraften den Anordnungen des Versuchsleiters. Auf Zögern der Probanden antwortete dieser nur mit »Das Experiment erfordert, dass Sie weitermachen«.

Menschen, die schlecht »Nein« sagen können, sind beliebt. Denn sie lassen sich leicht ausnützen oder manipulieren. In dem obigen Experiment hätten die Teilnehmer jederzeit abbrechen können. Ein »Nein« hätte genügt. Doch einige der Versuchspersonen gingen bis zur Maximalstärke von 450 Volt!

Menschen, die schwer »Nein« sagen können, fühlen sich in ihrer Haut oberflächlich betrachtet meist ganz wohl. Sie haben wenige Wünsche und gar keine, die sich an andere Menschen richten. Aber insgeheim leiden diese Menschen auch. Sie beneiden andere, die geradeheraus sagen, was sie wollen – und es oft auch kriegen. Oder entrüsten sich über den grassierenden Egoismus der Mitmenschen und malen düstere Katastrophenszenarien: »Wenn jeder so egoistisch wäre, wo kämen wir da hin?« Den gegenteiligen Spruch: »Wenn jeder an sich denken würde, wäre an alle gedacht«, finden solche Menschen überhaupt nicht witzig.

Fragen zum Thema

- Fällt es Ihnen leicht, »Nein« zu anderen zu sagen?
- Haben Sie Schuldgefühle, wenn es Ihnen besser geht als anderen?
- Können Sie gut Geschenke annehmen oder sich feiern lassen?
- Werden Sie manchmal ärgerlich oder wütend?
- Sind Sie manchmal neidisch auf andere?
- Haben Sie hohe Ansprüche an sich?
- Lächeln Sie viel? Besonders dann, wenn Ihnen etwas nicht gefällt?

Wie sich diese Psychofalle entwickeln kann

Menschen mit dieser Strategie haben früh gelernt, nicht egoistisch zu sein.

> *Ein Seminarteilnehmer berichtete, dass er immer eine bestimmte Reaktion seines Vaters zu hören bekam, wenn er Wünsche äußerte. Begann er einen Satz mit »Ich will …«, unterbrach ihn der Vater sofort und korrigierte ihn: »Du möchtest, Karl, du möchtest.«*
>
> *Zum selben Thema fiel einem Coaching-Klienten ein stehender Familienspruch ein: »Kinder, die was wollen, kriegen auf die Bollen (kriegen eine Kopfnuss).«*

Was lernt man als Kind aus diesen Beziehungserfahrungen über das Thema »Wünsche«? Zuallererst, dass man mit Wünschen vorsichtig sein muss. Dass also ein Wunsch nicht ein spontaner Impuls ist, den man einfach mal äußern kann, sondern dass schon das Äußern des Wunsches – unabhängig vom Inhalt des Wunsches – auf Missfallen oder Kritik stoßen kann.

Mit der Reaktion auf das Ausdrücken von Wünschen erlebt man auch die Abhängigkeit von anderen. Denn einen Wunsch kann der andere abschlagen. Ein Wunsch ist keine Forderung, die man einklagen kann, auch wenn manche Menschen das versuchen. Doch einer Forderung geht eine gelieferte Leistung voraus. Die Rechnung des Installateurs beinhaltet keinen Zahlungswunsch, sondern eine Zahlungsforderung, der eine von mir in Auftrag gegebene Reparatur vorausging.

Doch einen Wunsch kann man sich nicht verdienen. Auch wenn mancher seinem Wunsch mit genau diesem Argument Nachdruck verleihen möchte: »Das habe ich mir aber jetzt verdient, dass du mal nett zu mir bist – nach all dem, was ich für dich getan habe.«

Deswegen ist es ja auch gar nicht so leicht, einen Wunsch abzuschlagen. Es gibt einfach keine guten Argumente, außer eben, dass man dem Wunsch nicht nachgeben will.

Mein Sohn will abends noch weg und fragt, ob er mit meinem nagelneuen Wagen fahren darf. Alle möglichen Argumente von »Muss noch eingefahren werden« bis »Und wenn er mir jetzt eine Delle reinfährt?« schwirren mir durch den Kopf. Andererseits will ich ein großzügiger Vater sein, der die Vorfreude in den Augen des Sohnes sieht. Meine Frau, die meinen inneren Kampf spürt, sagt zu mir: »Sag einfach ›Nein‹.«

Doch das Abschlagen von Wünschen ist nicht leicht. Deswegen hört man ja auch oft statt eines klaren Neins ganz andere Aussagen.

Ein Kind sagt: »Ich will in den Ferien mal nach Amerika fahren und nicht immer in den Harz.«

Die Mutter oder der Vater könnte sich jetzt mit diesem Wunsch des Kindes auseinandersetzen. Könnte fragen, was es sich darunter vorstellt. Mit ihm gemeinsam träumen, wie es wäre, nach Amerika zu fahren etc. Doch vielleicht kommt der Elternteil unter Druck, weil das Geld dafür nicht da ist oder die Mutter Angst vor einem fremden Land und deshalb nur in den Harz will. So kommt es, dass dann das Kind oder

der Jugendliche ganz eigenartige Entgegnungen auf seinen Wunsch »Ich will mal nach Amerika!« zu hören bekommt.

> *»Was du alles willst!«*
> *»Bring erst mal bessere Noten nach Haus.«*
> *»Ja, ich will auch viel, wenn der Tag lang ist.«*
> *»Ich hör immer nur ›Ich will‹. Und wann denkst du mal an andere?«*

Solche frühen Beziehungserfahrungen können sich wie Mehltau auf die eigene Landkarte des Wünschens legen. Wir erleben dann, dass ein Wunsch nicht ein lebendiger, guter Impuls ist, der unseren Bedürfnissen oder tieferen Schichten unseres Wesens entspringt. Dass ein Wunsch auch ein Geschenk ist an andere, also eine Art Beziehungsangebot, mit dem wir dem anderen mitteilen, was uns wichtig ist. Denn wer auf die Frage »Was wünschst du dir zu Weihnachten?« immer nur antwortet »Nichts«, drückt damit indirekt auch aus: »Ich brauche nichts – von dir.«

Stattdessen lernen wir bei den obigen Reaktionen auf schmerzliche Weise, dass ein Wunsch die Beziehung zum anderen stören oder belasten kann. Dass wir dadurch den anderen in Bedrängnis bringen können oder er sich unter Druck gesetzt fühlt. Das hat jedoch mit dem Wunsch ursächlich nichts zu tun.

> *Der Sohn kommt begeistert nach Hause und berichtet von der geplanten Klassenfahrt nach Berlin. Als die alleinerziehende Mutter die Kosten von 200 Euro hört, weiß sie, dass das unmöglich geht. Sie muss ihrem Sohn diesen Wunsch abschlagen. Im inneren Sturm der widerstreitenden Gefühle rutscht ihr heraus: »Dann frag mal deinen Vater, ob er dir für solche Extratouren das Geld gibt.«*

Wer in seinem Leben öfter solche Reaktionen auf geäußerte Wünsche erlebt hat, entwickelt eine Strategie. Die Anforderungen an solche psychischen Überlebensstrategien, die wir in emotional schwierigen Situationen als Kinder oder Jugendliche entwickeln, sind zweifach. Sie müssen erstens jederzeit einsetzbar sein und zweitens garantiert funktionieren. Also einen aus der beklemmenden Situation herausholen.

Wer öfters schlechte Erfahrungen mit dem spontanen Äußern von Wünschen gemacht hat, findet meist einen der vier folgenden Auswege:

Man kennt seine Wünsche, äußert sie aber nicht direkt, sondern handelt trickreich
Das beherrschen schon Kinder, indem sie versuchen, sich durch Gefälligkeiten den anderen gewogen zu machen oder sich durch freiwillige Vorleistungen den später geäußerten Wunsch zu verdienen.

»Wünsche muss man geschickt verpacken«, ist hier die Überzeugung.

Man kennt seine Wünsche, traut sich aber nicht, sie zu äußern
Hier ist die meist unbewusste Fantasie, dass der eigene Wunsch die Beziehung belasten könnte. Man hat also wenig Vertrauen darin, dass der andere den eigenen Wunsch entweder erfüllt oder abschlägt. Vielmehr befürchtet man, dass der andere einen deswegen, weil man einen solchen Wunsch hat oder äußert, abwertet.

»Die anderen könnten ja auch mal spüren, was ich mir wünsche«, lautet hier das Credo.

Man redet sich selbst seine Wünsche aus
Ein hohes Selbstideal, dass man am besten gar keine Wünsche haben sollte, diktiert einem die selbst auferlegte Bedürfnislosigkeit. Man tauscht den Wunsch mit einem Anspruch. Doch Ansprüche geben nur eine moralische Befriedigung. Sie machen nicht satt. Wenn ich Lust habe auf ein saftiges Putensandwich und mir das besorge, macht das körperlich

wie emotional satt. Wenn ich zwei Tage zuvor einen Bericht über die Aufzuchtbedingungen von Käfig-Puten gelesen habe und deswegen auf mein Putensandwich verzichte, fühle ich mich vermutlich moralisch besser – bin aber nicht satt. Das merke ich spätestens dann, wenn meine Frau dabei ist, sich ein saftiges Putensandwich zuzubereiten, und ich mich nur mühsam davon abhalten kann, ihr von dem traurigen Schicksal der Käfig-Puten zu erzählen.

»Die Erfüllung dieses Wunsches macht mich auch nicht glücklicher«, lautet hier das Credo.

Man hat keine Wünsche an andere

Das ist der sicherste Weg. Wünsche, die wir an andere haben, zeigen, dass wir soziale Wesen sind und für unser Wohlergehen immer von anderen abhängig sind. Haben wir diese Abhängigkeit überwiegend konfliktreich erlebt, kann es sein, dass wir unsere Wünsche so gründlich verdrängt haben, dass sie uns nicht mehr in die Quere kommen.

»Ich brauche nichts – und niemanden«, ist das Credo.

»Nein, das ist nichts für mich«, wehrt der Mitarbeiter das Drängen seines Chefs ab. Dieser hatte vorgeschlagen, dass der Mitarbeiter die Rede zur Produkteinführung bei einem Kundenevent halten solle. Schließlich sei er der Initiator und die treibende Kraft dabei gewesen.

Als der Mitarbeiter im Coaching erklären will, was ihn davon abhält, fällt ihm erst nichts ein. Als ich ihn bitte, sich die Szene, wo er die Rede hält, innerlich vorzustellen und dann die geheimen Gedanken einiger Kollegen zu erraten, kommen wir seinem inneren Konflikt näher. »Einige wären sicher ganz schön neidisch«, äußert er spontan, »und das wäre mir ziemlich unangenehm.«

Wenn wir einen größeren Wunsch haben und dieser erfüllt wird, gibt es Menschen, die sich mit uns freuen. Die anerkennen können, was wir geleistet haben, oder die sich einfach freuen, wenn wir glücklich sind. Doch natürlich gibt es auch andere Reaktionen.

Es gibt verschiedene Arten von Neid. Neid kann uns anspornen, das Gleiche anzustreben. Wir verbinden uns dann innerlich mit dem anderen und ziehen aus dieser Identifikation Kraft und Motivation. Doch dazu ist es notwendig, dass es uns innerlich erlaubt ist, starke Wünsche zu haben.

Habe ich mir selbst jedoch schon lange verboten, mir etwas Großes zu wünschen, und beobachte ich, dass ein anderer es tut, kann ich mich schwerlich mit ihm freuen. Ich werde mich stattdessen von ihm abkoppeln und ihn heimlich oder lautstark abwerten. Den Preis für Wunschlosigkeit zahlen wir mit Neid.

Als mein Nachbar sich einen lang gehegten Traum erfüllte und seinen ersten Porsche kaufte, konnte ich in den Tagen danach die unterschiedlichen Reaktionsmöglichkeiten gut beobachten. »So einen will ich später auch mal!«, flüsterten zwei Jugendliche sich zu, sehnsüchtig ins Fahrzeuginnere schielend. »Noch so ein unnützer Spritfresser!«, lenkte ein umweltbewusster Nachbar das Augenmerk auf den Benzinverbrauch. »So ein Wägelchen kann sich unsereins nie leisten«, seufzte ein anderer zur Einleitung der persönlichen Trauerarbeit.

Wenn Sie tiefer gehen wollen

Jedes Mal, wenn Sie auf die Bitte eines anderen ein »Nein« fühlen und aus Ihrem Mund ein »Ja, okay, meinetwegen« herauskommt, verraten Sie Ihre eigenen Wünsche. Das passiert ganz automatisch. Mit anderen Worten, wenn Sie das ändern wollen, müssen Sie zuerst herausfinden, was eigentlich Ihre Wünsche sind, was Ihnen wirklich wichtig ist. Um den eigenen Wünschen näherzukommen, gibt es zwei Wege:

- Man stellt sich vor, dass alles möglich ist.
- Man stellt sich vor, dass alles begrenzt ist.

Zum ersten Weg ein Experiment:

Stellen Sie sich vor, Sie hätten ab nächster Woche fünf Millionen auf Ihrem Konto. Wir überspringen jetzt das erste halbe Jahr, in dem Sie sich bereits Ihre dringendsten Wünsche erfüllen. Schließen Sie jetzt für ein, zwei Minuten Ihre Augen und lassen Sie auftauchen, was kommen mag.

Wenn Sie also für Geld nicht mehr arbeiten müssten, was würden Sie dann tun?

Was würden Sie mit Sicherheit nicht mehr tun?

Was wäre dann für Sie so lohnend, befriedigend, sinnstiftend, dass es Sie morgens aus dem Bett holt?

Wenn Sie dieser Vorstellung nur mit dem Verstand nachgehen, kommen vielleicht ein paar Ideen, aber nicht wirklich von innen heraus. In einen tieferen Kontakt mit Ihren verborgenen Wünschen kommen Sie, wenn Sie die Augen schließen, nach innen gehen und die Vorstellung, dass Sie fünf Millionen auf Ihrem Konto haben, ganz plastisch werden lassen. Sie sitzen morgens in der Sonne beim Frühstück, sagen wir um halb elf, wissen, dass Sie nicht ins Büro müssen – und was würden Sie jetzt gerne tun?

Der zweite Weg, zu seinen verdrängten oder vergessenen Wünschen zu kommen, ist die Begrenzung des Lebens. Denn viele Menschen schieben Wünsche auf einen imaginären Zeitpunkt in der Zukunft, wenn das Haus abgezahlt ist, die Kinder groß sind oder die erste Rente überwiesen wird. Nichts gegen eine langfristige Lebensplanung, aber das führt oft zu einem Schwarz-Weiß-Denken nach dem Motto »Jetzt geht gar nichts und später hole ich alles nach«. Wer sich aber viele Jahrzehnte nicht um seine Wünsche gekümmert hat, verlernt vielleicht im Lauf der Zeit ganz, was Wünsche überhaupt sind.

Ein besserer Weg ist, sich vorzustellen, dass Ihr Leben begrenzt ist. Was es ja tatsächlich ist, wir leben ja nur in der Illusion, dass es einfach so weitergeht, doch erfahren wir immer wieder aus dem Bekanntenkreis oder bei der Zeitungslektüre, dass das Leben jeden Moment vorbei sein kann.

Zu diesem zweiten Weg ein Experiment:
Legen Sie das Buch weg, schließen Sie die Augen und stellen Sie sich vor, Sie hätten nur noch ein Jahr zu leben. Gehen Sie nach innen und spüren Sie nach, welche Bilder, Gefühle und Gedanken auftauchen, wenn Sie sich innerlich fragen:
Was wäre wichtig, wenn ich noch ein Jahr zu leben hätte?
Was würde ich unbedingt noch erleben wollen?
Was würde ich sofort aufhören zu tun?
Was würde ich bedauern, was nicht mehr möglich wäre?
Was würde ich bedauern, was ich versäumt hätte?

Wenn die Möglichkeiten begrenzt sind, kommen wir leichter an das Wesentliche. Nach meiner Erfahrung mit vielen Menschen, mit denen ich diese Übung gemacht habe, sind zwei Ergebnisse auffällig. Im Angesicht des nahen Lebensendes schwindet die Bedeutung von vielen Sachen, denen man im Leben viel Zeit widmet. Kaum einer ergötzt sich auf dem Totenbett an der Erinnerung, dass er immer vor allen anderen das neueste iPhone hatte. Auch die Bedeutung von Cellulitereduzierten Oberschenkeln verliert sich in dieser Perspektive. Und dass man morgens immer der Erste im Büro war und abends meist der Letzte, gibt einem nicht wirklich eine tiefe Befriedigung, wenn man dereinst über sein Leben nachsinnt. Kaum einer wünscht sich dann, noch länger im Büro gewesen zu sein, und auch die Vision, bald als einer der reichsten Leichname auf dem Friedhof zu ruhen, ist nicht so prickelnd. Die meisten Menschen bereuen auch nicht, was sie getan haben. Das heißt, aus der Distanz betrachtet schwinden auch unsere Fehler und Niederlagen auf ein erträgliches Maß.

Was Menschen aber als Ergebnis dieser Übung meist bedauern, ist das, was sie *nicht* getan haben, was sie unterlassen haben. Für den einen mag das die Entscheidung für ein Kind sein. Für einen anderen der Entschluss, doch keine künstlerische Karriere gewagt, sondern den sicheren Beamtenberuf gewählt zu haben. Für einen Dritten ist schmerzlich, nicht in die kleine südfranzösische Stadt gezogen zu sein, in die er sich schon beim ersten Besuch verliebt hatte.

Fast immer geht es bei derlei Entscheidungen, die man dereinst bereuen mag, um Gefühle, denen man der Vernunft wegen nicht gefolgt ist. Das hat immer gute Gründe, die man auch im Nachhinein zu akzeptieren hat, in die sich aber dann oft der bittere Geschmack des Bedauerns mischt.

Doch Sie können dieses Gedankenexperiment heute machen – jetzt. Und jetzt ist es noch nicht zu spät. Jetzt können Sie noch sehr viel ändern, so unglaublich und wagemutig Ihnen das auch vorkommen mag. Denn am Ende des Lebens tröstet einen über den meist schmerzlichen Abschied vom Leben nur eines: dass man sein Leben gelebt hat, dass man nicht nur am Kelch des Lebens genippt hat, sondern ihn geleert hat – bis auf den Grund.

Was wohl am Ende des Lebens vor allem zählt, sind Beziehungen zu anderen Menschen – also inwieweit man andere Menschen in sein Leben gelassen hat und an ihrem Leben teilnahm. Für die meisten sind das eine Partnerschaft und Kinder. Aber es können ebenso Freunde sein oder notleidende Menschen, denen man hilft.

Also, wenn Sie Ihre Wünsche genauer kennenlernen möchten, lassen Sie sich auf eines der beiden Gedankenexperimente ein. Vielleicht mehrere Male. Vermutlich werden Sie staunen, was Sie entdecken. Denn vieles von dem, was uns wichtig erscheint, ist es nur deshalb, weil es symbolisch für etwas steht, das wir aber gar nicht so genau kennen.

Ich arbeitete mal mit einem Mann, der immer wieder den Gedanken hatte, sich umzubringen. Klinisch gesprochen hatte er eine Depression, aber eine noch so zutreffende Diagnose hilft dem Betreffenden nicht unbedingt weiter. Getreu dem Motto »Das Symptom ist die Lösung« ver-

suchte ich, gemeinsam mit ihm herauszufinden, was der tiefere Nutzen seiner Suizidideen war. Dazu fiel ihm erst nichts ein. Doch als ich ihm vorschlug, sich mit geschlossenen Augen vorzustellen, er sei tot, die Beerdigung sei vorbei und er liege in seinem Grab, kamen wir seinen verborgenen Wünschen näher.

»Was ist jetzt so gut daran, da, wo Sie sind?«, fragte ich den Mann. Mit einem tiefen, zufrieden klingenden Seufzer antwortete er: »Niemand will etwas von mir. Ich muss mich um niemanden kümmern. Ich kann einfach für mich sein.«

Nun, nachdem er herausgefunden hatte, was ihm das Leben so schwermachte, konnten wir daran arbeiten, sich mehr von den Wünschen anderer abzugrenzen.

Hilfreiche Sätze

Setzen Sie sich bequem hin, lesen Sie vorher den Satz, den Sie dann, wenn Sie Ihre Augen geschlossen haben, leise oder laut vor sich hinsagen. Achten Sie genau auf Ihre inneren Reaktionen. Die mögen deutlich oder kaum wahrnehmbar sein. Wie Sie Ihre Reaktionen auf den jeweiligen Satz interpretieren können, können Sie auf Seite 55 noch einmal nachlesen.

- »Es ist völlig in Ordnung, Nein zu sagen.«
- »Es ist völlig in Ordnung, ab und zu Nein zu sagen.«
- »Meine Wünsche sind in Ordnung.«
- »Ich bin auch wichtig.«
- »Jetzt bin ich mal dran.«
- »Ich muss es nicht immer allen recht machen.«
- »Nein, ich will nicht.«
- »Nein.«
- »Mein Leben gehört mir.«
- »Ich bin ein guter Mensch.«

Wenn Sie mit diesem Thema etwas zu tun haben, werden Ihre Reaktionen überwiegend »negativ« sein. Vielleicht beobachten Sie einen Anflug von Traurigkeit oder Ärger. Oder Sie hören eine Stimme mit einem ablehnenden Kommentar (»Du spinnst wohl!«) oder einem skeptischen »Schön wär's«. Diese Reaktionen sind wichtig. Denn sie zeigen Ihnen deutlich, welche Landkarte in Ihnen aufgerufen wird, wenn es darum geht, dass Sie sich abgrenzen.

Die Experimente

- Gehen Sie in der Fußgängerzone zwei Minuten mit erhobenen Händen oder rückwärts.
- Gehen Sie in die Fußgängerzone und probieren Sie aus, niemandem auszuweichen. Gehen Sie einfach stur geradeaus und beobachten Sie, was passiert.
  Wenn Ihnen das anfangs zu schwierig erscheint, blicken Sie auf den Boden und gehen Sie einfach geradeaus. Widerstehen Sie in beiden Fällen dem Impuls, doch anderen auszuweichen. Ich verspreche Ihnen, Sie werden mit niemandem zusammenstoßen, weil die anderen Ihnen ausweichen werden.
- Auf der Fahrt ins Büro im Auto experimentieren Sie mit dem Wort »nein«. Sagen Sie es öfters laut vor sich hin, schreien Sie es heraus, flüstern Sie es bedrohlich wie ein Mafiaboss. Singen Sie es auf die Melodie Ihres Lieblingslieds oder einer Opernarie.
- Denken Sie sich ein Krafttier aus, das Ihr Problem mit Sicherheit *nicht* hat.
  Verschaffen Sie sich eine kraftvolle innere Repräsentation davon. Besorgen Sie sich ein Bild von dem Tier, lesen Sie darüber. Verkörpern Sie das Tier, indem Sie sich – wenn Sie ungestört sind – wie dieses Krafttier bewegen, machen Sie seine Laute nach. Überlegen Sie, wie sich dieses Krafttier in Situationen, die für Sie schwierig sind, verhalten würde. Was würde es denken?
  Denken Sie öfters am Tag an Ihr Krafttier. Falls Sie es vergessen, schaffen Sie sich Erinnerungsanker in Form von Fotos Ihres Krafttiers oder Post-it-Zetteln mit seinem Namen.

- Wenn Sie im Nachhinein merken, dass Sie zu etwas zugestimmt haben, das Sie doch nicht wollen, machen Sie es rückgängig. Rufen Sie denjenigen an und sagen Sie: »Es tut mir leid, ich habe es mir doch anders überlegt.«
- Bereiten Sie Ihre Mitmenschen darauf vor, dass Sie in den nächsten zwei Wochen an einem Experiment teilnehmen, in dem herausgefunden werden soll, was alles passiert, wenn man zu anderen Menschen »Nein« sagt.
- Legen Sie sich mit dem Rücken auf ein Bett, wenn Sie allein sind. Atmen Sie tief und schlagen Sie mit den Armen auf die Unterlage ein. Sagen Sie dabei »Nein«.
  Machen Sie das mit der Zeit immer lauter und kräftiger. Nehmen Sie die Beine dazu.
- Wenn beim nächsten Restaurantbesuch der Ober Sie beim Abräumen fragt, ob alles recht war, seien Sie mal besonders kritisch. Sagen Sie freundlich, aber bestimmt, dass Ihnen der Weißwein etwas zu warm war, die Suppe etwas zu wenig gewürzt, die Geräuschkulisse etwas zu laut etc. Es kommt nicht darauf an, was Sie sagen. Hauptsache, Sie sagen nicht sofort »ja, alles bestens«.

Was Sie noch tun können

Es geht darum, dass Sie öfter »Nein« sagen und sich gegen Wünsche, Anliegen und Forderungen anderer mehr abgrenzen. Prägen Sie sich eine oder zwei der folgenden Strategien bzw. Antworten ein, wie Sie auf Bitten anderer reagieren und sich das »Nein« erleichtern.

»Oh, im Moment geht das leider gar nicht.«
Hiermit verschaffen Sie sich einen Aufschub. Meist wendet sich der Fragende dann an eine andere Person oder erledigt es selbst. Hartnäckige Bittsteller, die wissen wollen, wann es denn besser passt, vertrösten Sie, dass Sie sich in einer Stunde wieder melden – und sagen dann endgültig ab.

Ähnlich: *»Darüber muss ich nachdenken.«*
Eine Kollegin bittet Sie um Mithilfe bei einem schwierigen Projekt und Sie haben keine Lust dazu. Bevor Sie jetzt gleich zusagen, probieren Sie diese Formulierung. Damit unterbrechen Sie Ihren Automatismus. Nach einer halben Stunde Bedenkzeit rufen Sie zurück – und sagen hoffentlich ganz ab.

»Nichts gegen Sie persönlich, aber so was mache ich grundsätzlich nicht.«
Das ist der Klassiker, wenn der Zeitschriftenwerber an der Haustür Sie fragt, ob Sie etwa Vorurteile gegen Vorbestrafte haben. Sie brauchen sich jetzt nicht die gesamte Leidensgeschichte des jungen dackeläugigen Mannes anzuhören. Sie sagen einfach den obigen Satz, nehmen die Türklinke fest in die Hand und schließen die Tür. Lassen Sie sich ebenso wenig von der Kollegin oder dem Chef durch Nachfragen in ein Gespräch darüber verwickeln und womöglich erweichen. Wiederholen Sie notfalls den Satz immer wieder.

Eine weitere Empfehlung möchte ich Ihnen geben: Beobachten Sie andere Menschen, die sich gut abgrenzen und »Nein« sagen können: Wie machen die das? Und beobachten Sie auch die Reaktionen der Bittsteller.

Sich nicht abgrenzen wollen, es anderen recht machen zu müssen, nicht Nein sagen können – egal, wie Sie es nennen, das Verhaltensmuster ist stark. Sie werden es nicht von heute auf morgen ändern können. Sie haben aber bereits ein gutes Stück Ihres Weges zur Veränderung zurückgelegt, wenn Sie es häufiger und deutlich mitbekommen, dass dieses Verhalten auftritt. Und dass Sie es sind, der es zeigt.

Und: Sie können auch anders.

4. »Ich bin zu perfektionistisch.«

Wie Sie die Angst vor vernichtender Kritik hinter sich lassen

>»Perfektionist« klingt so veredelt.
>Ich bin einfach überkritisch.«
>
> *Bastian Pastewka*

In meinen Persönlichkeitsseminaren erkenne ich Menschen mit diesem Thema schon recht früh. Sie wirken immer ein bisschen gehetzt, reden auch oft schnell. In den Seminarpausen, während die anderen schwatzend zusammenstehen, machen sie sich Notizen, tippen im Blackberry oder studieren mein Bücherregal. Mancher erwähnt, dass er sich drei Tage Seminar zeitlich gar nicht leisten könne, aber er betrachte das als eine notwendige Investition in sich selbst, um hinterher noch leistungsfähiger und motivierter seine Aufgaben erfüllen zu können.

Viele Menschen machen sich das Leben unnötig schwer, indem sie versuchen, perfekt zu sein. Fotomodelle hungern sich einer Idealfigur entgegen. Die Projektmitarbeiterin, die eine Präsentation von einer Viertelstunde vorbereiten soll, wendet dafür vier Stunden auf. Der beste Verkäufer des Teams ist unzufrieden, weil er diesen Monat fünf Prozent unter seinem Ergebnis des Vormonats liegt.

Beginnen Sie bitte mit einem Experiment: Schließen Sie die Augen, werden Sie ruhiger und sagen Sie dann innerlich den Satz zu sich: »Ich muss nicht immer perfekt sein.«

Welche Reaktionen konnten Sie innerlich beobachten? Atmeten Sie spürbar aus? Wurde es auf den Schultern leichter? Gab es eine Stimme, die Sie warnte, oder einen ablehnenden Kommentar? Dann kann es sein, dass auch Sie von einem »Sei-perfekt«-Antreiber gelenkt werden. (Falls Sie bisher noch nicht dazugekommen sind, machen Sie doch jetzt den Test auf

Seite 47 ff.) Solche Menschen bringen es weit im Leben. Sie sind erfolgreich, belastbar, bei Vorgesetzten geschätzt. Aber nicht immer. Denn sie neigen dazu, sich zu verzetteln oder in eine Sache zu verbeißen. Sie haben fast immer Zeitprobleme. Und: Sie können selten zufrieden sein. Denn auch wenn etwas gut genug ist, ist es für sie immer noch nicht perfekt.

Perfekt sein wollen ist eine Falle

Oft ist für eine gegebene Situation gar kein perfektes Ergebnis gefordert. Hier hilft die 80/20-Regel nach Vilfredo Pareto, einem italienischen Mathematiker, die besagt: Um ein 80-Prozent-Ergebnis zu erreichen, brauchen Sie etwa 20 Prozent der verfügbaren Zeit. Dieses Ergebnis ist meist vollkommen ausreichend. Egal ob Sie eine Präsentation vorbereiten, Ihren Schreibtisch aufräumen wollen oder ein Abendessen für Freunde zubereiten.

Die restlichen 80 Prozent Zeit brauchen Sie, wenn Sie mit einem 80-prozentigen Ergebnis nicht zufrieden sein wollen, sondern ein perfektes Ergebnis anstreben. Jetzt machen Sie sich Stress, weil irgendeine Kleinigkeit fehlt. Doch es gibt nur wenige Bereiche im Leben, die 100-prozentige Ergebnisse erfordern. Wenn ich ein Flugzeug besteige oder mich einer Operation unterziehe – also in sicherheitsrelevanten Situationen –, dann schätze ich 100-prozentige Genauigkeit, die aber auch dort nicht immer gegeben ist. Doch bei den meisten beruflichen und privaten Themen schießen Sie mit der Suche nach Perfektion weit über das Ziel hinaus. Denn die anderen wissen gar nicht, dass das aus Ihrer Sicht eine 80-prozentige Lösung ist. Die fehlenden 20 Prozent sehen nur Sie.

Wie sich diese Psychofalle entwickeln kann

Sie können das obige kleine Achtsamkeits-Experiment auch mit einem anderen Satz ausprobieren. Schließen Sie die Augen und achten Sie auf Ihre inneren Reaktionen, wenn Sie diesen Satz sagen: »Ich muss nichts mehr beweisen.«

Wie waren jetzt Ihre Reaktionen? Spürten Sie eine Entspannung im Oberkörper? Wurden Sie aufgeregt? Hörten Sie eine Stimme: »Ich will aber!«? Oder beobachteten Sie einen Gedanken: »Das stimmt nicht.« Notieren Sie, wenn Sie wollen, Ihre Reaktionen in Ihr Logbuch. 📖

Der Satz, den Sie gerade ausprobiert haben, ist für Perfektionisten deshalb so aufschlussreich, weil »etwas beweisen wollen« und Perfektion eng miteinander zusammenhängen. Doch beweisen muss man nur etwas, wenn einem jemand etwas nicht glaubt. »Beweisen müssen« setzt ein Misstrauen voraus, das jemand erlebt.

Fragen zum Thema

Wenn Sie mehr über diese Psychofalle herausfinden möchten, lassen Sie die folgenden drei Fragen auf sich wirken:

Was müssen Sie eigentlich beweisen?
Meist drehen sich die Antworten darum, nicht faul, dumm oder ungeschickt zu sein. Beweisen wollen, dass man etwas taugt, doch etwas Schwieriges bewältigt, nicht zu schnell aufgibt, etwas schafft, was einem keiner zutraute etc. Oft liegt auch hier der Ursprung wieder in der Herkunftsfamilie, wo man öfters mit dem intelligenten Bruder oder der hilfsbereiten Schwester verglichen wurde.

Wem müssen Sie eigentlich was beweisen?
Die Standardantwort lautet: »Mir selbst!« Aber das stimmt nicht. Beim Beweisen-Müssen findet man fast immer eine reale Person aus der Biografie, deren Anerkennung man bisher vergeblich zu erringen sucht. Bei der man erlebt hat, dass sie einem etwas nicht zutraut. Dabei kommt es nicht darauf an, ob der andere sich wirklich so verhielt, entscheidend ist Ihre Überzeugung, dass Ihnen der andere etwas nicht zutraute.

Wann ist »es« denn bewiesen?

Denkt man eine Weile über diese Frage nach, kommt man schnell zu der bestürzenden Erkenntnis, dass es dafür keinen fixen Zeitpunkt gibt! Wer glaubt, noch etwas beweisen zu müssen, befindet sich in einem Rennen, für das es zwar Etappen gibt, aber keine Ziellinie.

Wann hat ein Restaurantchef bewiesen, dass er ein exzellenter Koch ist? Mit einem Michelin-Stern? Oder mit zweien? Mit einem Stern, den er über fünf Jahre hält? Oder mit einem jeden Abend gut besetzten Lokal? Wenn er seinen Stern wieder verliert, kocht er dann wirklich schlechter? Nach welchem Urteil? Und wenn er den Stern selbst zurückgibt?

Wann haben Sie bewiesen, dass Sie im Leben erfolgreich sind? Bei welcher Gehaltshöhe? Bei welcher Karrierestufe? Bei welcher PS-Zahl Ihres Autos oder Quadratmeterzahl Ihres Hauses? Oder wenn Ihre Kinder wohlgeraten sind? Wenn Ihre Ehe länger als zehn Jahre hält?

Wie sich diese Psychofalle entwickeln kann

Wer in der Perfektionismus-Falle sitzt, befindet sich in einem Teufelskreis. Er fühlt sich gefangen in einem Netz von zu hohen Ansprüchen, dem Erleben, diese nicht immer zu erfüllen, dem Gefühl, deshalb ein Versager zu sein, und dem Versuch, dieses beschämende Gefühle mit noch mehr Leistung wieder wettmachen zu wollen.

Das Aussteigen aus diesem Teufelskreis ist deshalb schwierig, weil Perfektionisten nur in Schwarz-Weiß-Kategorien denken. Entweder Sieg oder Niederlage, die Silber- oder Bronzemedaille zählt nicht. Fehler werden nicht als Abweichungen von einem erstrebten Ziel gesehen, sondern als »Beweis« für Unfähigkeit, als Zeichen des völligen Versagens.

Mit dem Perfektionsdrang kommt man nicht auf die Welt.

Man muss dazu angehalten werden oder das entsprechende Vorbild vorgelebt bekommen.

Die Coaching-Klientin stammt aus einer Familie, in der nicht nur der Vater, sondern auch der Großvater angesehene Juristen waren. Sie hatte in Rekordzeit ihr Jurastudium abgeschlossen und eine Doktorarbeit mit 1- geschrieben. Als sie damit stolz nach Hause kam, war der einzige Kommentar ihres Vaters: »Und was macht das Minuszeichen da?«

Menschen mit Perfektionsdrang wollen – wie alle anderen auch – geliebt werden. Und sind felsenfest davon überzeugt, dass sie dafür erst etwas Besonderes leisten müssen. Das Gefühl, dass sie nicht gut genug sind und es aber mit großem Einsatz schaffen können. Meist haben sie diese Erfahrung mit den Eltern auch gemacht:

- »Und das nennst du ein aufgeräumtes Zimmer?«
- »Okay, du hast das beste Zeugnis der Klasse. Und was ist mit deinem Klavierspiel?«
- »Gut ist in unserer Familie nicht gut genug!«
- »Niemand erinnert sich an den, der den zweiten Platz machte.«
- »Nichts ist unmöglich. Wenn man etwas will, kann man es auch erreichen.«

Perfektionisten sind Burnout-gefährdet. Wer schon am Frühstückstisch kein Ohr hat für das Geplauder der Familie, wer auch im Urlaub nicht abschalten kann, sondern sportliche Höchstleistungen erreichen will, ist gefährdet. Hinzu kommt der Missbrauch von Alkohol, Nikotin, Medikamenten oder Stimulanzien, die helfen sollen, immer mehr Leistungsreserven auszuschöpfen und Signale der Müdigkeit oder Erschöpfung zu übergehen. Deshalb sind Perfektionisten auch kaum zu bremsen. Manche erleben dann irgendwann, dass der Körper oder die Seele den Stecker zieht: Burnout.

Ich glaube, Perfektion zieht viele Menschen an, weil es sie unbewusst an die Sehnsucht nach dem »Eins-sein-Gefühl« erinnert. Also jenem Gefühl, das wir als Kleinkind im Kontakt mit Vater oder Mutter bisweilen erlebt haben. Mir geht's gut, den Eltern auch – die Welt ist in Ordnung. Oder auch später als Kind noch zuweilen erleben. Man spielt in seinem Zimmer, hört die Mutter in der Küche und hat das Gefühl: Für alles ist gesorgt, es gibt nichts zu tun.

Manchmal erleben wir auch als Erwachsene noch dieses ozeanische Verbundenheitsgefühl mit allem und jedem: Wenn wir uns verlieben, manchmal beim Sex oder beim Betrachten eines Sonnenuntergangs. Doch dieses Eins-sein-Gefühl ist schnell vergänglich. So wie Adam und Eva aus dem Paradies vertrieben wurden, muss auch der Säugling die Symbiose mit der Mutter verlassen, um ein Ich zu entwickeln. Verliebte leiden sehr unter dem ersten Streit, weil sie erfahren, dass sie doch getrennte Wesen sind. Und auch der perfekte Sonnenuntergang dauert nur ein paar Minuten.

Ein Mensch mit dem Wunsch nach Perfektion kann zwanghafte Züge entwickeln. Dann müssen alle Schriftstücke auf dem Schreibtisch exakt rechtwinklig angeordnet liegen. Vor dem Verlassen des Hauses müssen tausend Dinge noch kontrolliert werden. Ein Pfund mehr auf der Waage morgens kann hektische Kontrollmaßnahmen nach sich ziehen.

Wenn Sie also heute oder morgen wieder beobachten, dass Sie dabei sind, etwas perfekt machen zu wollen, schließen Sie einen Moment die Augen und denken Sie einen der obigen Sätze: »Ich muss nicht immer perfekt sein.« – »Ich muss nichts mehr beweisen.« Und registrieren Sie aufmerksam und neugierig Ihre inneren Reaktionen.

Wenn Sie tiefer gehen wollen

Betrachtet man Perfektionismus als symptomatisches Verhalten, so können wir fragen, welchen inneren Konflikt dieses Verhalten lösen könnte. Diesem Konflikt kommt man meist auf die Spur, indem man Perfektionisten fragt, was Sie befürchten, wenn sie etwas nicht perfekt machen würden:

- Was könnte passieren, wenn Sie den Bericht, den Sie jetzt schon zweimal geprüft haben, nicht noch ein drittes Mal lesen, sondern Ihrem Chef schicken?
- Was wäre so schlimm, wenn Sie die Kaffeetasse nicht sofort in die Büroküche zurückbringen?
- Was wären die Folgen, wenn Sie den Stapel ungelesene Fachzeitschriften heute einfach wegwerfen?

Die Antworten mögen unterschiedlich sein, etwa »Es könnte noch ein Fehler drin sein« oder »Es sieht dann unaufgeräumt aus« oder »Dann würde ich vielleicht wichtige Artikel verpassen«.

Fragen Sie dann weiter »Und was wäre daran schlimm?«, so werden Sie fast immer auf eine Befürchtung stoßen, dass jemand etwas Negatives denken oder sagen könnte. Doch schnell wird klar, dass solche negativen Kommentare hauptsächlich im Kopf des Perfektionisten entstehen. Denn die meisten Ihrer Kollegen sind vermutlich keine Perfektionisten und bekommen trotzdem am Monatsende ihren Gehaltsscheck. Anders gesagt: Perfektionisten haben einen inneren Kritiker in sich, der sie mit warnender Stimme vor den katastrophalen Folgen des Nicht-perfekt-Seins bewahren will.

Hilfreiche Sätze

Setzen Sie sich bequem hin, lesen Sie vorher den Satz, den Sie dann, wenn Sie Ihre Augen geschlossen haben, leise oder laut vor sich hinsagen. Achten Sie genau auf Ihre inneren Reaktionen. Die mögen deutlich oder kaum wahrnehmbar sein.

Wie Sie Ihre Reaktionen auf den jeweiligen Satz interpretieren können, können Sie noch einmal auf Seite 55 nachlesen.

Probieren Sie folgende Sätze aus:

- »Ich muss nicht perfekt sein.«
- »Ich muss nicht immer perfekt sein.«
- »Ich muss nichts mehr beweisen.«
- »Ich muss nicht immer etwas beweisen.«
- »Niemand ist perfekt.«
- »Ich bin ein Mensch und das ist gut so.«
- »Ich bin in Ordnung, auch wenn ich nicht perfekt bin.«
- »Ich warte nicht mehr auf die Anerkennung meines Vaters/meiner Mutter.«
- »Fehler sind keine Katastrophe.«
- »Ich darf noch mehr Fehler machen.«
- »Es ist gut genug so.«
- »Und gut ist.«

Und hier die Experimente

- Morgens beim Aufwachen bleiben Sie ein paar Minuten liegen und gehen Sie in Gedanken durch den Tag. Überlegen Sie Situationen, in denen es passieren könnte, dass Ihr »Sei-perfekt-Antreiber« sich meldet. Nehmen Sie sich vor, einfach diese Momente am Tag mitzukriegen.
  Dasselbe können Sie abends vor dem Einschlafen tun. Gehen Sie durch Situationen des Tages, in denen Sie versucht haben, perfekter zu sein, als es vielleicht notwendig war. Beobachten Sie das einfach. Ohne sich abzuwerten, einfach um zu verstehen, wann und wie das in Ihnen abläuft.
- Probieren Sie aus, mehrmals am Tag, etwas *nicht* perfekt zu machen. Also schreiben Sie zum Beispiel in eine E-Mail – absichtlich – einen Rechtschreibfehler rein. Wenn Ihr Schreibtisch immer picobello aufgeräumt ist, legen Sie ein, zwei Dinge einfach so darauf. Wenn Ihre Schuhe immer rechtwinklig im Regal stehen, stellen Sie sie ein biss-

chen schief hin. Kleckern Sie ein wenig mit dem Kaffee herum. Denken Sie sich etwas aus, seien Sie kreativ.

Es geht dabei darum, dass Sie sich an das etwas unangenehme Gefühl gewöhnen, das anfangs auftreten wird, wenn etwas nicht perfekt ist.

Wenn Ihnen diese Aufgabe Schwierigkeiten bereitet, dürfen Sie sie ganz perfekt machen: also genau fünf Dinge pro 24 Stunden nicht perfekt machen.

■ Denken oder sagen Sie mehrmals am Tag diesen Satz vor sich hin:

»Ich muss nicht den ganzen Stall ausmisten, um das Pferd zu reiten.«

Was Sie noch tun können

Machen Sie jeden Tag einen kleinen Spaziergang. Ohne iPod oder Handy. Vielleicht da, wo es ein bisschen grün ist, aber es kann auch in der Stadt sein. Achten Sie auf all das, was um Sie herum ist und was nicht perfekt ist. Ein paar Blätter, die der Wind einfach so unordentlich in eine Ecke geweht hat. Wolken am Himmel, die völlig unkoordiniert da so vorbeiziehen. Ein fehlender Pflasterstein. Abgeblätterte Farbe an einem Fensterladen. Was man da alles optimieren könnte! Doch das Leben und die Natur kümmern sich nicht um Perfektion. Und beides funktioniert hervorragend, seit Jahrmillionen.

Übrigens: In Japan kennt man Wabi-Sabi. Das ist die Kunst, Schönheit im Unvollkommenen zu finden, die ihre Grundlage in der Natur hat. Es bedeutet auch, den natürlichen Zyklus von Wachsen, Vergehen und Tod zu akzeptieren. Wir können lernen, Lebensspuren, Rost, Risse und Kanten – an Gegenständen, die uns am Herzen liegen, und an uns selbst – schätzen zu lernen, anstatt sie ausmerzen zu wollen. Denn diese Spuren des Unvollkommenen zeigen, dass alles Lebendige kostbar und vergänglich ist, dass wir alle selbst vergänglich sind.

5. »Ich habe zu viel Stress.«

Den Glauben, keine Grenzen zu haben, langsam hinter sich lassen

»Stress: Er wurde nur
30 Terminkalenderjahre alt.«

Gerhard Uhlenbruck

Vor Jahren war ich mal zu einem Vortrag über Zeitmanagement in Nürnberg eingeladen und geriet auf der A 6 in einen dicken Stau. Ich rief bei der Veranstalterin an und sagte ihr, dass es mir leid täte und ich etwa zehn Minuten später eintreffen würde. Sie war ganz verständnisvoll und erklärte, dass sie einen anderen Programmpunkt vorziehen würde. Während ich im Stopp-und-Go-Tempo gen Nürnberg schlich, kamen die Gedanken. »Was werden einige im Publikum denken? ... Schöner Zeitmanagementexperte, kommt zum Vortrag zu spät! ... Vielleicht geht die Hälfte schon, bevor ich ...«

Mit diesen Gedanken wurde mir warm, mein Blutdruck stieg und ich bekam einen unangenehmen Druck in der Magengegend. Weitere Gedanken tauchten auf: »Warum bin ich nicht noch früher losgefahren? ... Wie soll ich dem Publikum meine Verspätung erklären, ohne als inkompetenter Trottel dazustehen? ... Was machen die ganzen Idioten nachmittags hier auf meiner Autobahn?«

Ich machte mir also richtig Stress. Als ich nach einer Weile bemerkte, dass der Zeiger meiner Uhr weiterwanderte, hingegen der Stau vor meiner Nase sich wenig veränderte, dachte ich nach. Ich hatte ja Zeit. Und mir fiel auf, dass ich an der ganzen Situation nichts ändern konnte. Ich konnte mich jetzt aufregen, mich selbst beschimpfen oder die Situation akzeptieren und mich beruhigen. Da fiel mir ein Satz ein – und der rettete die ganze Situation: »Ohne mich fängt der Vortrag nicht an.«

Augenblicklich beruhigte ich mich, nach einer Weile

floss der Verkehr flüssiger und ich kam mit 20 Minuten Verspätung an. Als Einleitung für meinen Vortrag erzählte ich diese Geschichte.

Sprache erschafft Wirklichkeit. Das heißt, wie man ein Problem benennt, impliziert gleichzeitig mögliche Lösungen – oder Irrwege. Sagt jemand, er habe Stress, glauben die meisten Menschen ungefähr zu wissen, was derjenige damit meint. Mancher verkündet auch, unsere Zeit sei stressig oder er habe einen stressigen Chef. Und überhaupt sei die Globalisierung schuld an der allgemeinen Hektik. Wie gesagt, Sprache schafft Wirklichkeit, das heißt aber noch lange nicht, dass es Stress wirklich gibt.

Hans Selye definierte im Jahr 1936 Stress als einen Zustand der Alarmbereitschaft des Organismus, der sich auf eine erhöhte Leistungsbereitschaft einstellt. Er unterschied dabei zwischen »Eustress« als einer notwendigen und positiv erlebten Aktivierung des Organismus und dem »Distress«, der meist als belastend und schädlich erlebt wird, wenn man in einer Situation zu viele Anforderungen auf einmal erlebt. Dabei befürchtet der Mensch, dass er nicht in der Lage sei, die Situation zu beeinflussen oder durch Einsatz von Ressourcen zu bewältigen.

Unter Stress versteht man somit die Auswirkung der Belastungen auf den Menschen. Dies können objektive, von außen her auf den Menschen einwirkende Größen sein, wie zum Beispiel Kälte, Hitze, Lärm oder auch Zigarettenrauch. Doch derlei Belastungen meinen die meisten Menschen nicht, sondern sie sprechen von emotionalen Belastungen, wie sie durch bestimmte Einstellungen, Erwartungshaltungen und Befürchtungen ausgelöst werden können. *»Es sind nicht die Dinge, die uns beunruhigen, sondern unsere Meinung über die Dinge«,* wusste schon der römische Philosoph Seneca.

Meist meinen Menschen, dass ihnen die fehlende Zeit Stress bereite. Das ist insofern interessant, als Zeit ja gar nicht einfach zu verstehen oder zu definieren ist.

Wie sich diese Psychofalle entwickeln kann

Das Erleben von Stress hat mit einem bestimmten Verständnis – also einer inneren Landkarte – von dem Begriff der »Zeit« zu tun. Deshalb hier einige Überlegungen dazu:

In unseren Kulturkreisen haben wir uns seit Langem darauf verständigt, dass Zeit ein Objekt ist. Man also etwas mit ihr tun kann. Das ist zwar Unsinn, aber wenn viele Menschen etwas glauben, wird es leicht zur Tatsache. Die Folge unserer Verdinglichung der Zeit ist, dass wir glauben, Zeit lasse sich nutzen oder managen. Oder schenken und sparen. Nachholen. Oder gar vergeuden und totschlagen. So wie manche Menschen spazieren gehen, um »das schöne Wetter auszunutzen«.

Doch das geht nicht. Es gibt keine Zeit. Die Natur kennt keine Zeit. Die Natur kennt nur dauernde, fließende Veränderung. Und sie funktioniert prächtig seit Jahrmillionen. Wir terminieren ja sogar den Frühlingsanfang auf den 20. März, aber der Natur ist das gottlob jedes Jahr egal. Der Meteorologe im Radio schimpft dann gern mit der Natur: »Der Frühling kam dieses Jahr zwei Wochen zu spät!«

Was wir Menschen eigentlich damit meinen, wenn wir staunend oder wehmütig sagen »Wie die Zeit vergeht!« ist ja: Oh je, wir vergehen – in der Zeit. Dann wird uns bewusst, dass wir älter werden, jeden Moment, unaufhaltsam.

Also: Zeit lässt sich nicht managen. Zeitmanagement ist auch kein Selbstmanagement, denn auch das »Selbst«, wer oder was immer das sein mag, ist auf jeden Fall kein Ding.

Ihr Umgang mit der Zeit spiegelt Ihre Werte wider

Wenn ich bei Google die Begriffe »zeitmanagement seminar« eingebe, bekomme ich in 0,29 Sekunden (!) 219.000 Einträge. Wenn ich beispielsweise »kindererziehung seminar« eingebe, findet Google nur 49.500 Einträge.

Daraus kann man sehen, was uns wichtig ist. Was Ihnen wirklich wichtig ist, dafür wenden Sie Zeit auf, so wie ich gerade zum Schreiben dieses Manuskripts. Niemand zwingt Sie. Es ist Ihre Zeit, Ihr Tag und Sie entscheiden.

Zeit ist nicht Geld

Denn sonst wäre ja Langeweile eine bereichernde Erfahrung. Trotzdem begegne ich immer wieder Menschen, die die Aussicht auf viel Geld dazu motiviert, dafür viele Jahre Lebenszeit zu opfern, um danach »Zeit für sich« zu bekommen.

In meinen Seminaren spielen wir zuweilen mit der Fantasie, was jeder tun würde, wenn er fünf Millionen zur Verfügung hätte (siehe Seite 87). Das Interessante dabei: Die wenigsten wollen grundlegend etwas ändern. Und für das, was einige ändern wollen – mehr Zeit für sich, für die Familie, ein Hobby, ein anderer Beruf, ein Partner etc. –, braucht man fast nie fünf Millionen.

Also: Fragen Sie sich, was Ihnen in Ihrem Leben fehlt. Und bedenken Sie dabei: Millionäre sind nicht automatisch glücklichere Menschen. Sie haben nur andere Sorgen.

Es gibt keine Sachzwänge

Mit der Sprache erschaffen wir Wirklichkeiten. Ein schönes Beispiel dafür ist der berühmte »Sachzwang«. Damit bezeichnen wir äußere unveränderbar scheinende Umstände, mit denen wir begründen, warum wir etwas tun, obwohl wir eigentlich etwas anderes lieber täten. »Ich würde ja gerne, aber Sachzwang x steht dem entgegen.«

Das stimmt nicht, es gibt keine Sachzwänge. Es gibt Situationen und Konsequenzen. Aber keinen Zwang. Schon in der Schule beeindruckte mich das Zitat von Bertolt Brecht: *»Wer A sagt, muss nicht B sagen. Er kann erkennen, dass A falsch war.«*

Mit dem Verweis auf einen Sachzwang versuchen wir, die Verantwortung für unsere Entscheidungen auf äußere Umstände abzuwälzen. Das ist menschlich verständlich und funktioniert auch oft so, dass man anderen damit etwas vormachen kann. Aber wenigstens sich selbst sollte man nichts vormachen.

Also: Mit welchen »Sachzwängen« begründen Sie bestimmte Entscheidungen? Wie wäre es, wenn Sie sich bewusst machten, dass Sie sich frei entschieden haben – und eben dadurch gewisse Folgen Ihrer Entscheidung tragen.

Die Güter dieser Welt mögen ungleich – oder moralisch betrachtet unfair – verteilt sein. Zwei Dinge sind jedoch allen Menschen gleich zugedacht:

- Jeder Mensch hat nur eine begrenzte Spanne Lebenszeit, von der niemand weiß, wie lange sie genau ist.
- Solange ein Mensch lebt, hat jeder pro Tag vierundzwanzig Stunden.

Mehr Zeit gibt es nicht. Auch wenn schlaue Produktmanager uns weismachen wollen, mit einem bestimmten Produkt würde man Zeit sparen. Das ist Unsinn. Weil die Zeit kein Objekt ist, kann man auch nichts damit machen. Man kann sie weder totschlagen noch nutzen und eben auch nicht sparen.

Früher trafen sich die Frauen zum Wäschewaschen am Fluss oder am Dorfbrunnen, hatten den ganzen Tag damit zu tun, die Wäsche zu waschen. Da das körperlich anstrengend war, hatten alle Frauen jede Menge körperliche Aktivität und erfuhren währenddessen von anderen Frauen alle Neuigkeiten. Mit der Erfindung der Waschmaschine reduzierte sich die Zeit des Waschens von einem Tag auf eine Viertelstunde. Eine Riesenzeitersparnis. Aber woher bekommt Frau nun ihre notwendige Bewegung und die ganzen Informationen? Dazu muss sie die schöne gesparte Zeit aufwenden, um sich im Fitness-Center auszupowern und auf Tupper-Partys und in Internetforen zu erfahren, was so los ist.

Für dieses Prinzip lassen sich viele Beispiele finden. In der Menschheitsgeschichte nennt man das »Fortschritt«.

Wenn Sie tiefer gehen wollen

Es gibt etwa 50 Zeitspartipps. In jeder Buchhandlung gibt es Ratgeber dazu und die Tipps sind vernünftig und gut. Sie haben nur einen großen Nachteil: Die meisten Menschen mit Zeitproblemen wenden sie nicht an.

> *Es ist wie mit den Bewegungstipps zum Abnehmen. Was meinen Sie, ist die wirksamste Sportart, wenn man Gewicht verlieren will? Radfahren? Joggen? Nordic Walking? Schwimmen? In einem Diätforum fand ich die richtige Antwort: rechtzeitig vom Essenstisch aufstehen.*

Aber wirklich wirksame Tipps will natürlich niemand hören, geschweige denn befolgen. Deswegen gibt es ja jedes Jahr neue Zeitmanagement-Ratgeber, die die meist gleichen Tipps in etwas anderer Verpackung neu anbieten.

Doch wirklich gute Regeln muss man nicht jedes Jahr neu verpackt anbieten, sie wirken auch so. Die Menschen befolgen sie – oder eben nicht. Die Kirche kommt ja auch nicht auf die Idee, die Zehn Gebote jedes Jahr ein bisschen anders neu herauszubringen. Oder können Sie sich folgende Geschichte vorstellen:

> *Der Papst tritt an Ostern auf dem Petersplatz in Rom vor die Gläubigen und verkündet: »Liebe Brüder und Schwestern, ich habe mit Gott neu über die Gebote verhandelt und habe eine gute und eine schlechte Nachricht für euch. Die gute ist: Es sind nicht mehr geworden. Die schlechte ist: Ehebruch ist immer noch dabei.«*

Doch zurück zum Stress. Ich biete Ihnen die Landkarte an, dass ein großer Teil Ihres Stresses hausgemacht ist. Es gibt keine stressigen Situationen. Es gibt nur Situationen, den Stress machen Sie sich selbst. Wenn Sie sich diese Landkarte zu eigen machen, hat das zwei wesentliche Auswirkungen auf Ihr Leben: Zum einen können Sie die Schuld für Ihren Stress nicht mehr auf andere schieben. Auf Ihre Kunden, den blöden Kollegen, auf unsere schnelllebige Zeit oder die Globalisierung. Andererseits können Sie aber, wenn Sie sich Ihren Stress selbst machen – Sie ahnen es schon –, auch damit aufhören. Und müssen nicht darauf warten, dass Ihre Kunden sich ändern oder Ihr Chef oder die Globalisierung wieder rückgängig gemacht wird.

Hier kommt mein ultimativer Zeitspartipp:

> Wer Zeit haben will, muss Nein sagen.

Klingt ganz einfach, ist es theoretisch auch, wenn nur die Praxis nicht wäre. Wenn Sie mehr Zeit haben wollen, müssen Sie mehr »Nein« sagen.

Was meiner Erfahrung nach Menschen mit »Zeitmangel« fehlt, ist die innere Erlaubnis, sich abzugrenzen. Also sich getrennt von anderen zu erleben und das möglichst ohne Schuldgefühle.

Dass manche Menschen das gut können und andere nicht, hängt meistens mit den unterschiedlichen Beziehungserfahrungen in der jeweiligen Biografie zusammen. Wer früh oft hörte »Nimm Rücksicht auf andere«, »Sei nicht so egoistisch«, »Sei vernünftig, du bist die Ältere«, lernt früh, sich anzupassen. (Sie merken, dieses Kapitel knüpft an das Thema »Ich kann nicht Nein sagen« von Seite 80 an.)

Wer sich nicht oder zu selten abgrenzt, ist bei Mitmenschen zwar meist beliebt, aber er zahlt dafür auch einen hohen Preis. Denn weil man die eigenen Grenzen gar nicht spürt oder gar glaubt, keine Grenzen zu haben, wird man leicht ausgenutzt. Da mag man verstandesmäßig wissen, dass einen die Kollegen im Büro nicht gleich schneiden, wenn man mal »Nein« gesagt hat, aber das hilft nichts. Die gelernten Erfahrungen von früher wirken unbewusst und somit ungleich stärker als die rationale Einsicht.

Abgrenzen muss man sich nicht nur gegenüber anderen Menschen. Sondern bisweilen auch gegenüber eigenen Ansprüchen. Da können einem dann die inneren Antreiber namens »Sei perfekt!«, »Beeil dich!« oder »Sei stark!« in die Quere kommen.

> *Während meines Psychologiestudiums betreute ich mal in einer Klinik männliche Patienten, die einen Herzinfarkt erlitten hatten. Die meisten davon hatten sich den hart erarbeitet. Mussten dazu warnende Hinweise auf Grenzen wie Bluthochdruck, Gewicht, Rauchen, zu wenig Bewegung von Ärzten und besorgten Ehefrauen mannhaft in den Wind schlagen und Signale ihres Körpers wie keuchenden Atem, Übelkeit oder Stechen in der Brust bei Anstrengung tapfer ignorieren. Manche davon waren übrigens auch nach dem zweiten oder dritten Infarkt für die warnenden Hinweise des Kardiologen wenig aufgeschlossen: »Ja, ich weiß, Doktorchen, ich sollte mehr auf meine Gesundheit achten, aber Sie sollten mal nur einen Tag meinen Job haben.«*
>
> *Interessanterweise kamen diese Patienten, denen es schwerfiel, Grenzen bei ihrem Körper zu respektieren, nie auf die Idee, dies bei ihrem Auto auszuprobieren. Spaßeshalber fragte ich manche: »Was machen Sie eigentlich, wenn bei Tempo 180 die Öldrucklampe leuchtet? Fahren Sie dann mit derselben Geschwindigkeit weiter oder treten Sie noch mehr aufs Gas?« Die meisten lächelten etwas gequält. Aber wirklich geholfen hat ihnen meine Metapher natürlich auch nicht.*

Worauf ich hinauswill, ist Folgendes: Ihr Gefühl der mangelnden Freiheit entsteht vor allem durch Ihre inneren Einstellungen, nicht durch Ihre äußeren Gegebenheiten. Um dies zu ändern, ist es hilfreich, sich mit den folgenden Einstellungen auseinanderzusetzen:

Sie haben immer die Wahl

Es geht mir hier nicht darum, ob diese Aussage stimmt. Und ob es nicht existenzielle Situationen gibt (Krieg, Überfall, Entführung, Krankheit etc.), in denen man keine Wahl hat. Es geht mir darum, bewusst zu machen, wie wichtig innere Einstellungen sind. Die innere Einstellung »Ich kann immer wählen« oder »Ich hatte nie eine Wahl« mag für den Betreffenden eine emotionale Erfahrung sein.

Doch Einstellungen sind Einstellungen, keine Wahrheiten. Und Einstellungen sind veränderbar, wenn sie bewusst sind. Die Einstellung »Ich kann immer wählen« ist genauso eine Einstellung – und keine Wahrheit. Aber sie hat ganz andere Folgen.

Die Opferhaltung »Ich habe keine Wahl« lähmt die eigene Kreativität und den Handlungswillen. Dafür fallen einem tausend Gründe und Probleme ein, warum etwas nicht geht. Das Positive daran ist: Man ist nicht allein, denn es gibt Millionen von gleichgesinnten »Opfern«, zu denen mal schnell Kontakt findet. Klagen Sie mal an der Haltestelle laut, wo wohl wieder der Bus bleibt. Sie sind sofort im Gespräch mit zuvor wildfremden Menschen.

Die Haltung der Selbstverantwortung »Ich habe immer eine Wahl« setzt viel Kreativität und Handlungsenergie frei. Es gibt auch Gleichgesinnte – aber die werden meist eher beneidet oder komisch angeguckt. Sagen Sie mal an der Haltestelle zu den Leuten, die auf den verspäteten Bus schimpfen, dass Sie mit Ihrer Entscheidung, mit dem Bus zu fahren, auch dessen mögliche Verspätung mitgewählt haben. Da ernten Sie nur Kopfschütteln.

Natürlich können Sie nicht über alles in Ihrem Leben bestimmen. Was Ihnen zustößt, das Glückhafte wie das Leidvolle, das haben Sie nicht »verursacht«, auch wenn dafür zuweilen esoterische Sachzwänge bemüht werden. Das Glück wählen wir nicht und ebenso wenig das Leid. Was wir wählen können, ist die Art und Weise, wie wir damit umgehen – unsere Einstellung dazu. Die können wir wählen.

Eine häufige Begründung dabei ist, dass derjenige das verdient habe. Als könne man sich Glück verdienen, weil man zuvor so viel Schlimmes erfahren hat. Und als hätte einer

Leiden verdient, weil es ihm davor zu lange zu gut ging. Ich halte das für Auswirkungen unreflektierter religiöser Ideen, dass es im Leben bitteschön gerecht zugehen möge. Also »Auge um Auge, Zahn um Zahn«. Aber das Leben hat kein Gedächtnis und begünstigt nicht jenen, dem es schon lange Zeit schlecht ging. So wie ja auch die Roulettekugel kein Gedächtnis hat und die Hoffnung, dass nach fünfmal Rot jetzt Schwarz kommen müsse, vergeblich ist.

Die Natur oder das Leben ist leider auch nicht gerecht. Und trotzdem existiert die Natur seit Jahrmillionen – und wir sind ein Teil der Natur. Wäre die Natur wirklich gerecht, würden wir Menschen vermutlich nicht mehr leben.

»Heute ist der erste Tag vom Rest Ihres Lebens!«, hörte ich zum ersten Mal in den Achtzigerjahren. Der Satz, finde ich, kann eine größere Wirkung haben als jedes Zeitmanagement-Buch, wenn man ihn bedenkt und sich zu Herzen nimmt.

Probieren Sie doch heute mal aus, sich öfter am Tag bewusst zu machen, dass das, was Sie heute erleben, Folge Ihrer Entscheidungen ist. Sie haben es gewählt. Das Gute, das Ihnen heute begegnet, haben Sie (mit-)gewählt. Aber auch das Unangenehme: Ihren launigen Chef, unzufriedene Kunden, den Stau auf dem Weg ins Büro, das Wetter. Sie haben es (mit-)gewählt!

Ach, und das hätte ich beinahe vergessen: Was man für sich wählt, kann man auch wieder abwählen. Und das nicht nur alle vier Jahre.

Hilfreiche Sätze zum Ausprobieren

Setzen Sie sich bequem hin, lesen Sie vorher den Satz, den Sie dann, wenn Sie Ihre Augen geschlossen haben, leise oder laut vor sich hinsagen. Achten Sie genau auf Ihre inneren Reaktionen. Die mögen deutlich oder kaum wahrnehmbar sein. Wie Sie Ihre Reaktionen auf den jeweiligen Satz interpretieren können, können Sie noch einmal nachlesen auf Seite 55.

- »Mein Leben gehört mir.«
- »Dieser Tag gehört mir.«
- »Diese zehn Minuten gehören mir.«
- »Ich muss nicht.«
- »Ich darf mir Zeit nehmen.«
- »Ich muss nicht dauernd funktionieren.«
- »Ich habe Grenzen.«
- »Ich muss nicht immer meine Grenzen testen.«
- »Meine Grenzen sind wichtig.«
- »Ich bin nicht unersetzlich.«
- »Meine Grenzen machen mich spürbar.«
- »Ich kann es nicht immer am besten.«
- »Ich muss es anderen nicht immer recht machen.«
- »Ich muss nichts rechtfertigen.«

Und hier die Experimente

- Probieren Sie für sechs Wochen »Dinner Cancelling« aus. Das bedeutet ganz einfach, dass Sie an ein oder zwei Tagen in der Woche nach 16 Uhr nichts mehr essen. Die Methode hat verschiedene positive Effekte. Sie hilft Ihnen, Ihr Gewicht zu halten und soll sogar lebensverlängernde Wirkung haben. Aber hier soll Sie vor allem Ihre Fähigkeit stärken, Grenzen zu setzen und diese einzuhalten. Beobachten Sie all die Stimmen, Gegenargumente und Versuchungen in sich, wenn Sie Dinner Cancelling ausprobieren. Und machen Sie es trotzdem.
- Machen Sie die Übung aus der Einleitung auf Seite 13. Stellen Sie sich jeden Tag nach dem Aufstehen eine Minute auf einen Stuhl. Genau eine Minute.
  Beobachten Sie dabei Ihre Ablenkungsmanöver und üben Sie damit, eine selbst gesetzte Grenze einzuhalten. Eine Woche lang, zwei Wochen, den Rest Ihres Lebens. Der Dalai Lama meditiert auch noch jeden Tag. Und das könnte Ihre Meditation werden.
- Halten Sie für eine Woche alle Termine pünktlich ein. We-

der zwei noch fünfzehn Minuten zu spät. Das Wichtige sind wieder Ihre Gedanken und Gefühle dabei. Viele Menschen fühlen sich durch Grenzen eingeengt, als würde der Raum innerhalb der Grenze gar nicht zählen, sondern wäre wie ein Gefängnis – und das »Leben« oder die »Freiheit« begänne erst hinter der Grenze.

- Gehen Sie jeden Tag, am besten abends nach der Arbeit, eine halbe Stunde spazieren. Ohne Handy, MP3-Player, einfach so. Am besten in einer ruhigen Gegend, wenn möglich, dort, wo es grün ist. Schauen Sie einfach umher, lassen Sie Ihre Gedanken schweifen, verdauen Sie den Tag.
- Gehen Sie ein paar Tage lang eine halbe Stunde früher zu Bett und lesen Sie dort nichts. (Nein, auch kein Fernsehen.) Und liegen Sie einfach so da. Versuchen Sie, sich in diese halbe Stunde hinein zu entspannen, einfach so, zweckfrei, aber nicht erfahrungsfrei.

Einige Empfehlungen, was Sie noch tun können

- Tragen Sie ein Wochenende lang keine Armbanduhr. Schauen Sie, was passiert.
- 📖 Legen Sie in Ihrem Logbuch eine Skala für Ihren Stresspegel bei der Arbeit an. Worte sind oft mehrdeutig, Skalen helfen Situationen klarer darzustellen.

Beantworten Sie dann die folgenden Fragen:

Angenommen, auf einer Skala von 1 bis 10 bedeutet 1 den schlimmsten Stress und die 10 keinen Stress. Wo würden Sie Ihren Stresspegel aktuell einordnen?

Was ist Ihr Ziel-Stresspegel? Was wäre dann anders?

War Ihr Stresspegel schon einmal höher als heute? Was war da anders?

War Ihr Stresspegel schon einmal tiefer als heute? Was haben Sie gemacht, um auf den Stresspegel zu kommen?

Was müssten Sie tun/lassen, um Ihren Stresspegel um einen Punkt zu senken?

Woran würden Sie (oder andere) merken, dass Ihr Stresspegel um einen Punkt (oder mehrere) gestiegen ist?

- Lernen Sie den Unterscheid zwischen Ihrem Ego und Ihrem Selbst kennen.

Das ist eine aufregende Sache. Die meisten Menschen kennen nur das Ego und haben keine Ahnung davon, dass es in ihrem Inneren einen ruhigen Urgrund gibt, der sich seit ihrer Geburt nicht geändert hat (ihr Ego schon). Dieser Urgrund ist bei allen Menschen gleich, bei Ihrer Nachbarin und bei Ihrem nervigen Kollegen. Ihr Urgrund unterscheidet sich nicht von dem eines islamistischen Selbstmordattentäters oder einer Rentnerin mit lila gefärbten Haaren in Florida.

Habe ich Sie neugierig gemacht? Dann erleben Sie den Unterschied zwischen Ihrem Ego und Ihrem Urgrund in einer Meditation. Das geht ganz einfach. Auf meinem Blog www.ichkannauchanders-blog.de gibt es eine Anleitung dazu.

Sie werden staunen und den Unterschied nie wieder vergessen.

- Besorgen Sie sich einen Gedichtband und lesen Sie abends ein paar Tage lang verschiedene Gedichte.

- Malen Sie ein Problembild mit der Zeit, dem Stress oder Ihren Grenzen. Malen Sie ein Bild auf DIN A3 mit dem Titel »Ich und mein Stress«. Schauen Sie danach achtsam auf Ihr Bild. Wovon ist zu viel auf dem Bild zu sehen? Wovon zu wenig?

Malen Sie dann ein Lösungsbild, so wie Ihr Leben aussehen soll.

- »*Wenn wir die Welt von unseren Schultern nehmen, bemerken wir, dass sie nicht fällt*«, lautet ein Spruch von John Cage. Wenn er Ihnen gefällt, schreiben Sie ihn auf einen Zettel und kleben Sie ihn an Ihren Monitor.

6. »Ich bin so wenig motiviert.«

Herausfinden, was hinter Ihrer Lustlosigkeit steckt

> »Motivation ist die Kunst,
> anderen wegen ihrer angeblichen Faulheit
> Schuldgefühle zu machen.«
>
> *Anonym*

Als ich ein Führungsseminar für ein großes Unternehmen leitete, fragte mich abends an der Bar der Abteilungsleiter, ob ich auch Motivationstrainings anböte. Er hätte da so ein paar unmotivierte Leute in seiner Mannschaft. Er bemerkte mein Zögern und erklärte mir lang und breit, was für faule Leute er in seiner Abteilung habe. Die müssten mal richtig eingeordnet und motiviert werden.

Ich antwortete: »Ich bezweifle, dass Ihre Mitarbeiter unmotiviert sind. Dieselben Leute gehen nämlich abends nach Hause, pflegen ihren Garten, kümmern sich um ihre Kinder, bauen ein Haus, stimmt's?« Als er mir nachdenklich zustimmte, sagte ich noch: »Nein, ich glaube nicht, dass Sie in Ihrer Abteilung ein Motivationsproblem haben.«

Reinhard Sprenger schrieb 2002 seinen berühmten Bestseller »Mythos Motivation«, in dem er überzeugend darlegte, warum viele der sogenannten Motivationsmethoden wie Lob, Prämien oder Incentives und sogar das betriebliche Vorschlagswesen in Wahrheit demotivierend wirken können.

Fragen zum Thema

- Welche Gefühle haben Sie, wenn Sie aus dem Urlaub kommend an Ihre Arbeit denken?
- Ändert sich Ihre Stimmung Sonntagnachmittag oder -abend ins Negative?

- Fällt es Ihnen morgens oft schwer, aufzustehen?
- Sind Sie während der Arbeit oft antriebslos und bessert sich das gegen Abend?
- Haben Sie schon länger Schlafstörungen?
- Denken Sie manchmal, dass Sie zu wenig Selbstdisziplin oder Ausdauer haben?
- Würden Sie, wenn Sie finanziell unabhängig wären, beruflich etwas ganz anderes machen?
- Schauen Sie regelmäßig die Fernsehsendung »Goodbye Deutschland! Die Auswanderer«?

Wie sich diese Psychofalle entwickeln kann

Viele Menschen nehmen sich etwas vor, wollen ein Ziel erreichen – und schaffen es nicht. Fragt man nach den Gründen, antworten sie oft: »Ich bin einfach nicht diszipliniert genug!«

Der Begriff der Disziplin wird nicht erst seit Bernhard Buebs Buch »Lob der Disziplin. Eine Streitschrift« häufig diskutiert. Meine Meinung ganz zu Beginn: Ich glaube nicht an Disziplin. Meine Erfahrung ist: Es funktioniert nicht. Wenn man Biografien von Menschen, die Großes geleistet haben, liest, wird man selten finden, dass sie ihre Errungenschaften ihrer Disziplin verdanken.

Der Duden definiert Disziplin so: »Disziplin ist das Beherrschen des eigenen Willens, der eigenen Gefühle und Neigungen, um etwas zu erreichen.«

Es mag Menschen geben, denen das leichtfällt und die dies auch deswegen anderen als Patentrezept empfehlen. Aber wenn es jemandem schwerfällt, sich so zu disziplinieren, was soll dieser dann tun? »Mehr Disziplin entwickeln!«, ist dann die tautologische Antwort der Disziplin-Befürworter. Aber das ist genauso wirksam, wie wenn man jemand, der Angst hat, sagt, er brauche keine Angst zu haben.

- Was fällt Ihnen ein, was Sie Großes in Ihrem Leben vollbracht haben? (Vielleicht ein Haus gebaut, Kinder großgezogen, für den Halbmarathon trainiert ...)
- Angenommen, Sie sähen keinen Sinn darin, Golf zu lernen, könnten Sie das mit Disziplin lernen? (Für »Golf« können Sie auch Fliegenfischen, Eisstockschießen oder Triathlon nehmen.)
- Was tun Sie gerne? Womit beschäftigen Sie sich am liebsten?

Der Ruf nach mehr Selbstdisziplin – von jemand anderem oder vom eigenen »inneren Kritiker« – verdeckt nur allzu oft, dass Sie für diese Aufgabe zu wenig motiviert sind. Natürlich gibt es für jeden Arbeiten, die er nicht gerne tut und die doch getan werden müssen, um sich nicht größere Nachteile einzuhandeln. Bei mir ist das zum Beispiel die jährlich abzuliefernde Steuererklärung.

Was hilft einem dabei, wenn man ungeliebte Tätigkeiten doch machen will?
Achtung: Ich habe bewusst geschrieben »wenn man ungeliebte Tätigkeiten doch machen will« – nicht »*muss*«. Ich *muss nicht* die Steuererklärung machen. Wenn ich sie nach der dritten Mahnung und dem zweiten Zwangsgeld immer noch nicht abgebe, wird das Finanzamt dies für mich tun. Nicht so ausführlich mit allen Belegen, sondern der Beamte wird meinen Umsatz und den resultierenden Gewinn schätzen. Leider deutlich zugunsten des Staates, mit anderen Worten, es wird teurer. Deswegen »entscheide« ich mich dafür, doch die Mühsal der Steuererklärung auf mich zu nehmen.

Also, was mir hilft, ist der Blick über die Arbeit hinaus in Richtung des erwünschten Resultats. Wenn ich also die einzelnen Belege addiere und die Summen in eine Excel-Tabelle eintrage, denke ich innerlich schon an den dicken DIN-A4-Umschlag, den ich übermorgen beim Finanzamt in den Briefkasten werfe – und an das beglückende Gefühl, ein Jahr lang diese Arbeit nicht mehr machen zu müssen. Dass ich als Konsequenz dann noch ein paar Euro Steuern nachzahlen muss, verdränge ich geflissentlich.

Es ist das Ziel, das einen motiviert. Im idealen Fall ist es natürlich auch die Arbeit selbst, die einem gefällt. Mir gefällt zum Beispiel das, was ich gerade tue. Ich schreibe gerne. Mich motiviert also weniger das bescheidene Autorenhonorar pro verkauftem Buch oder die hoffentlich positiven Reaktionen von Millionen von Lesern. Nein, es ist die Tätigkeit an sich. Oder mit den Worten esoterisch ausgerichteter Menschen: *»Der Weg ist das Ziel.«*

Wenn Sie tiefer gehen wollen

Das Symptom ist auch hier wieder die Lösung. Wenn Sie bei einer Aufgabe bemerken, dass Sie sie immer wieder vor sich herschieben, ist das wahrscheinlich auch ein Hinweis darauf, dass Sie keine Motivation haben, sie zu tun. Einfach ausgedrückt: Sie haben keine Lust dazu.

Das klingt vielleicht simpel, ist aber entscheidend. Wozu Sie keine Lust haben, das werden Sie vermutlich auch nicht tun. Wichtig ist zu verstehen: Ohne Motivation geht kaum etwas. Sie haben also nicht zu wenig Disziplin, sondern zu wenig oder gar keine Motivation.

Disziplin ist eine Illusion. Die obige Duden-Definition lässt ja durchscheinen, was Disziplin bewirken soll: dass Sie etwas tun sollen, was Sie nicht wollen.

Der Ruf nach Disziplin soll meist den Mangel an Motivation verdecken. Doch nichts Freiwilliges passiert ohne Motivation. Jemand muss etwas wollen, weil er sich einen Nutzen davon verspricht. Ihre größte Kraft ist nicht die Disziplin, sondern Ihre Motivation.

Suchen Sie nach Ihrer Motivation. Legen Sie sie frei. Sie ist bestimmt irgendwo. Vielleicht begraben unter einem Haufen von Konzepten wie Ausdauer, Willensschwäche, Disziplin, Lustlosigkeit.

Schauen Sie auf Ihr Leben. Das, was Sie wirklich wollten, haben Sie erreicht, weil etwas Sie motiviert hat, es zu erreichen. Es gab vermutlich Hindernisse auf dem Weg, die Sie gemeistert haben. Vielleicht auch mit Ausdauer und Disziplin. Aber das waren die Werkzeuge, nicht die Kraft, die Sie vorantrieb. Das Ziel, es zu erreichen, hat Sie motiviert. Nicht Ihre Disziplin.

Disziplin klingt anstrengend und ist es auch. Nicht umsonst bedeutet die lateinische Wortwurzel disciplina auch Lehre, Zucht, Schule. Na, prima. Bei diesen Assoziationen fühlen wir uns doch gleich besser. Stoßen Sie dabei auf Widerstände, suchen Sie oft die Schuld bei sich und der mangelnden Disziplin, werten sich ab – aber das Ziel rückt in immer weitere Ferne.

Hilfreiche Sätze

Setzen Sie sich bequem hin, lesen Sie vorher den Satz, den Sie dann, wenn Sie Ihre Augen geschlossen haben, leise oder laut vor sich hinsagen. Achten Sie genau auf Ihre inneren Reaktionen. Die mögen deutlich oder kaum wahrnehmbar sein. Wie Sie Ihre Reaktionen auf den jeweiligen Satz interpretieren können, können Sie auf Seite 55 noch einmal nachlesen.

- »Mein Leben gehört mir.«
- »Meine Zeit gehört mir.«
- »Ich darf tun, was mir Freude macht.«
- »Ich bin ein guter Mensch.«
- »Ich bin nicht länger schuld.«
- »Ich muss nicht länger büßen.«
- »Ich habe ein Recht darauf, dass es mir gut geht.«
- »Ich muss nichts.«
- »Ich kann mich entscheiden – dagegen oder dafür.«
- »Niemand zwingt mich.«
- »Wenn ich etwas anfange, muss ich es nicht zu Ende bringen.«

- »Ich kann etwas tun, auch wenn es keinen Spaß macht.«
- »Ich kann etwas akzeptieren, ohne es zu mögen.«
- »Bald bin ich frei.«
- »In diesem Moment bin ich völlig frei.«
- »Ich bin frei.«

Und hier die Experimente

- 📖 Machen Sie eine schriftliche Liste Ihrer Lieblingsausreden, mit denen Sie sich regelmäßig davon abhalten, das anzufangen, was Sie erreichen wollen.

  Angenommen, Sie möchten gerne regelmäßig joggen, dann könnte da stehen:

  »Ich habe zu wenig Zeit.«

  »Morgens bin ich dazu zu müde.«

  »Abends bin ich zu fertig.«

  »Am Wochenende will ich ausschlafen.«

  »Der Erfinder vom Joggen ist dabei gestorben.«

  »Ich könnte nur auf Asphaltwegen joggen und das ist schlecht für die Gelenke.«

  Wichtig ist, dass Sie Ihre Liste laufend ergänzen, wenn Ihnen wieder ein neuer Einwand einfällt, damit sie irgendwann komplett ist und wirklich alle Ihre Bedenken, Gründe, Entschuldigungen umfasst.

  Dann denken Sie eine Weile über diesen Satz nach:

  »Wer etwas will, findet Gründe. Wer etwas nicht will, findet Gründe.«

  Sie haben jetzt viele Gründe gefunden. Wenn Sie also nächstes Mal den Gedanken haben und einen Grund dagegen suchen, nehmen Sie Ihre Liste zur Hand und suchen sich einen Grund für diesen Tag aus.

- Suchen Sie sich etwas aus, das Sie sehr gerne tun, etwas, worauf Sie immer wieder große Lust haben. Das kann Ihre Lieblingsserie im Fernsehen sein oder Ihr Feierabendbier – oder nehmen Sie Sex.

Und das nächste Mal, wenn Sie gerade kurz davor sind, das zu tun, warten Sie fünf Minuten oder – für Fortgeschrittene – auch zehn Minuten.

Und spüren Sie, was Motivation ist.

- Gehen Sie in eine Galerie oder ein Museum und schauen Sie sich die Bilder an. Finden Sie ein Bild, das zu Ihrem Problem passt, und ein anderes, das zeigt, dass Ihr Problem gelöst ist. Lassen Sie diese beiden Bilder innerlich auf sich wirken.
- Tun Sie mehr Dinge, die Sie gerne tun.

Einige Empfehlungen, was Sie noch tun können

Disziplin ist ein Elternwort. Kein Vierjähriger spielt stundenlang mit seiner Ritterburg und freut sich: »Mensch, was bin ich heute wieder diszipliniert.« Kommt aber die Mutter herein und verlangt, dass er sein Zimmer aufräumt, erlischt die Schaffensfreude schlagartig und die üblichen Verzögerungstaktiken und Ausreden tauchen auf. Warum? Das Kind ist dasselbe. Was sich geändert hat, ist seine Motivationslage.

Was aber tun, wenn man glaubt, unmotiviert zu sein? Dazu gebe ich Ihnen vier Vorschläge aus einem Blogbeitrag von Leo Babauta (siehe Link zu Disziplin, Seite 179) weiter:

- Seien Sie nachsichtig mit sich und verzeihen Sie sich.
  Sie sind keine Maschine. Maschinen haben keine Gefühle, keine Neigungen, Maschinen brauchen keine Motivation, keine Ziele. Sie sind anders. Sie brauchen nicht so zu tun, als wären Sie eine seelenlose Maschine – es wäre ohnehin vergeblich.
  Atmen Sie zwei- oder dreimal tief durch. Und lassen Sie die Selbstabwertung los. Es bringt Ihnen nichts, sich zu beschimpfen. Nehmen Sie stattdessen lieber den Gedanken *»Ich bin ein lebendiger Mensch – ich muss nicht funktionieren«* und spüren Sie, was dieser Satz in Ihnen auslöst.
- Machen Sie es sich leichter.
  Machen Sie es sich leicht. Fehlende Motivation können Sie

schlecht mit Disziplin ersetzen. Was aber meistens klappt, ist, sich schrittweise an ein neues Verhalten zu gewöhnen – wenn Sie klein anfangen und es nur so lange machen, wie es Ihnen Spaß macht.

Wichtig ist außerdem, dass das Verhalten einen weder überfordert (das führt zu Frustration) noch unterfordert (das führt zu Langeweile).

> *Ich hatte einmal eine Klientin, deren Arbeitszimmer völlig chaotisch und zugemüllt war. Sie wollte es aufräumen, schaffte es aber nicht – Sie wissen schon, zu wenig Motivation, zu wenig Disziplin.*
>
> *Ich sagte ihr Folgendes: »Räumen Sie auf – aber jeden Tag nur zwei Minuten. Schaffen Sie das?« Sie lachte und antwortete: »Klar, zwei Minuten kann ich aufräumen, aber da bin ich ja in 60 Jahren noch nicht fertig!« Ich blieb bei meiner Empfehlung ohne Kommentar.*
>
> *Nach sechs Wochen kam sie wieder und berichtete, die ersten drei Tage hätte sie immer nur zwei Minuten aufgeräumt. Aber am vierten Tag hätte sie einfach weitergemacht und erst nach eineinhalb Stunden aufgehört. Am fünften Tag hätte sie wieder versucht, nur zwei Minuten aufzuräumen, und stattdessen zwei Stunden aufgeräumt.*

Warum hat das geklappt? Ich vermute, durch meine Intervention habe ich ihr den Druck »Du musst endlich aufräumen!« genommen und ihn ersetzt durch die Erlaubnis »Du darfst aufräumen – aber nur zwei Minuten«. Und plötzlich erwachte die Motivation, ein aufgeräumtes Zimmer zu haben, die vorher unter dem Druck des »Du musst!« begraben und nicht mehr spürbar war.

- Bringen Sie Freude rein.

Ein Freund hatte schon ein paar Mal versucht, zu fasten. Es klappte nicht. Da hörte er von Fastenwanderungen, und da er gerne wandert und neue Leute kennenlernt, meldete er sich an. »War ganz einfach«, berichtete er, »der Kontakt in der Gruppe, die Bewegung in der Natur – da fiel der Verzicht auf das Essen total leicht.«

> *Einmal im Jahr muss ich alle Belege eines Jahres für meine Steuererklärung sortieren, addieren, in eine Excel-Liste eintragen. Ich hasste diese Arbeit und schob sie früher immer vor mir her – bis zur zweiten Mahnung des Finanzamts. Seit zwei Jahren kaufe ich mir vorher drei tolle Jazz-CDs, auf die ich schon lange scharf bin, und höre sie während dem Belege-Sortieren. Klappt prima!*

Nach demselben Prinzip funktionieren Weight-Watcher-Gruppen, machen gute Lehrer spannenden Unterricht, hat die Natur die Anziehung zwischen den Geschlechtern organisiert. Stellen Sie sich vor, Sex wäre nicht mit lustvollen Gefühlen verbunden. Kein Mensch würde auf die Idee kommen, das zu machen, und wir wären längst ausgestorben.

Bringen Sie Freude rein! Denn Freude motiviert.

■ Machen Sie einfach weiter.

Es gibt immer Stolpersteine auf dem Weg. Sie stolpern, fallen hin. Oft nehmen Menschen das als Zeichen, dass es doch nicht klappen wird, dass das Ziel doch zu weit weg ist etc.

Sie stolpern, Sie fallen hin – es bedeutet nichts. Stehen Sie einfach auf und gehen Sie weiter. Entweder auf Ihrem Weg oder wieder bei Schritt eins: Drei tiefe Atemzüge – und seien Sie nachsichtig mit sich.

Was Sie noch tun können

Fangen Sie an.

7. »Ich habe Probleme mit meinem Chef.«
Wie Sie Ihre Eltern nicht mehr ins Büro mitnehmen

> »Ich schicke den besten Mann aus meinem Team.
> Ich komme selbst.«
>
> *Chefspruch, anonym*

Welches Verhältnis wir zu Autoritäten haben, erfahren wir früh. Als ich zur Schule ging, ab dem Jahr 1956, war die Prügelstrafe in einer Schule normal. Ein langer Rohrstock lehnte in der Ecke und niemanden verwunderte das. In der Bundesrepublik Deutschland bestand bis zum Jahr 1973 ein Züchtigungsrecht für Lehrkräfte an Schulen gegenüber ihren Schülern. Zu den verbreitetsten Körperstrafen gehörten Ohrfeigen, »Kopfnüsse« sowie die sogenannten »Tatzen«, Schläge mit einem Lineal oder Rohrstock auf die Handflächen des Schülers.

In einzelnen Bundesländern war die körperliche Züchtigung jedoch bereits vorher untersagt oder zumindest nominell mehr oder weniger stark eingeschränkt worden. Jedoch erklärte noch 1979 (!) das Bayerische Oberste Landesgericht, dass »*im Gebiet des Freistaates Bayern … ein gewohnheitsrechtliches Züchtigungsrecht*« besteht. 1980 wurde die Prügelstrafe an Schulen auch in Bayern abgeschafft.

Auch unter Eltern waren Körperstrafen als Strafmethode in der Kindererziehung bis in die Siebzigerjahre in der Bundesrepublik nichts Ungewöhnliches. Sie wurden in der Regel mit der flachen Hand, einem Lederriemen, Teppichklopfern oder einem dünnen Rohrstock auf den Po des Kindes oder Jugendlichen verabreicht. Im Jahr 2000 wurde dieses Züchtigungsrecht der Eltern gegenüber ihren Kindern durch eine Änderung des Bürgerlichen Gesetzbuchs (BGB) ausdrücklich abgeschafft. Nach der Verschärfung des Paragrafen 1631 BGB haben Kinder ein ausdrückliches »Recht auf gewaltfreie Erziehung«: »*Körperliche Bestrafungen, seelische Verletzungen und andere entwürdigende Maßnahmen sind danach unzulässig.*«

Ich bin immer wieder erstaunt und auch erschüttert, wie häufig in meinen Persönlichkeitsseminaren, wenn wir auf die Erfahrungen in der Herkunftsfamilie zu sprechen kommen, Gewalterfahrungen hochkommen und erinnert werden. Genauso häufig ist aber auch die automatische Rechtfertigung und Rationalisierung dieser barbarischen »Erziehungsmethoden«. Sätze wie »Ich habe aber auch viel Unsinn gemacht« und »Ich hatte es meistens verdient!« bis zu »Es hat mir letztlich nicht geschadet« sind dann zu hören.

Ein solches Verteidigungsverhalten nennt man »Identifikation mit dem Aggressor«. Bei diesem Abwehrmechanismus identifiziert sich ein Mensch unbewusst mit einem anderen, von dem er sich körperlich und/oder emotional misshandelt oder unterdrückt fühlt. Dabei werden Persönlichkeitseigenschaften, Werte und Verhaltensweisen des Aggressors übernommen und verinnerlicht. Es werden die eigene Hilflosigkeit und Ohnmacht, aber auch die enorme Wut auf den Peiniger umgeleitet, indem man dessen Ziele und Werte übernimmt.

In der Kindheit, in der Ohnmacht und Abhängigkeit besonders stark erlebt wird, kommt es häufig zu dieser Abwehrreaktion, schützt sie doch die eigene psychische Struktur in Form einer »letzten Notbremse«. Da die eigene Autonomie so massiv unterdrückt wird und die erlebten Attacken des Misshandelnden nicht abgewehrt oder integriert werden können, dient das Gutheißen derselben als letztes Mittel, um die Funktionsfähigkeit des Selbst einigermaßen zu bewahren.

Da Identifikationen mit einem Aggressor potenziell lebenslang wirken können, werden solche traumatisierenden Gewalthandlungen auch entgegen willentlicher Absichten (»Da ist mir die Hand ausgerutscht.«) direkt oder indirekt oft an die nächste Generation weitergegeben. Umso wichtiger ist es daher, eigene Gewalterlebnisse zu erinnern, nicht zu bagatellisieren, sondern emotional zu verarbeiten, um eine mögliche Kette innerfamiliärer Gewalt über mehrere Generationen zu erkennen und zu unterbrechen.

Die elterliche Autorität zur Wahrung und Durchsetzung familiärer Regeln und Verbote ist einerseits für die Beziehung notwendig. Doch können sich auch Eltern angesichts eines länger schreienden Säuglings, einer trotzenden Vierjährigen oder eines renitenten Zwölfjährigen ohnmächtig fühlen. Hat man dann zu wenig Vertrauen in die eigene seelische Stärke und die Kraft der Kommunikation, erscheint manchem überforderten Erwachsenen körperliche Gewalt als einziges Mittel, »die Ordnung wiederherzustellen«.

Dies soll keine Entschuldigung für körperliche Gewalt durch die Eltern sein, sondern nur ein Hinweis, dass auch Eltern nur Menschen sind. Menschen mit ihrer eigenen Geschichte und ihren Erfahrungen, die sie daraus gezogen haben. Insofern tut auch ein prügelnder Elternteil sein Bestes – im Rahmen seiner begrenzten Möglichkeiten. Ich finde daher, dass ein moralisches Aburteilen der eigenen Eltern wegen solcher Prügelstrafen nicht weiterführt.

Als ich beim Coaching Herrn B. nach dem Kontakt zu seinen Eltern frage, erfahre ich, dass er mit ihnen gebrochen habe und seit über zehn Jahren keinen Kontakt zu ihnen habe. Der Grund sei, dass er während einer Therapie erinnert habe, wie er oft brutal von seinem Vater mit einem Ledergürtel geschlagen wurde und seine Mutter unter Weinen in die Küche geflüchtet sei. Das könne und wolle er ihnen niemals verzeihen. Auch hätte er Angst, seine Kinder in deren Obhut zu geben, weil sie ja das Gleiche mit ihnen machen könnten, was ihm widerfahren sei. Sein damaliger Therapeut hätte ihm zu diesem Schritt geraten, um das erlittene Trauma so zu heilen.

Doch durch Kontaktabbruch löst man keine Traumatisierungen. Zudem werden solche unbearbeiteten und unaufgelösten Macht-Ohnmachts-Konflikte auf andere Autoritätspersonen übertragen.

Fragen zum Thema

- Was erleben Sie, wenn Ihr Vorgesetzter zur Tür hereinkommt, unvermittelt vor Ihnen steht oder am Telefon ist?
- Welche Einstellung haben Sie zu Polizisten?
- Auf welchem Gebiet sind Sie eine Autorität? Wie verhalten Sie sich dann?
- Wer hatte in Ihrer Herkunftsfamilie das Sagen?
- An welche Lehrerinnen und Lehrer aus Ihrer Schulzeit erinnern Sie sich?
- Wollen Sie manchmal die Zustimmung von Autoritätspersonen gewinnen, auch wenn Sie sie nicht wirklich mögen?
- Sind Sie selbst sehr dominant?
- Fällt es Ihnen schwer, andere Menschen zu akzeptieren, wenn diese nicht immer Ihre Erwartungen erfüllen?
- Haben Sie einen ausgeprägten Gerechtigkeitssinn?
- Können Sie gut Anordnungen ausführen, auch wenn Sie deren Sinn nicht einsehen?
- Betrachten Sie das Leben als einen Kampf, den Sie gewinnen möchten?
- Fällt es Ihnen schwer, in einer Konfrontation einen Schritt zurückzugehen?
- Fechten Sie etwas durch, wenn Sie sich im Recht fühlen?
- Gab es in Ihrer Herkunftsfamilie Ohrfeigen, Schläge oder längeres Schweigen als Strafe?

Wie sich diese Psychofalle entwickeln kann

Von klein auf wachsen wir mit Autoritäten auf. Mit Menschen, die größer und stärker sind als wir selbst und von denen wir abhängig sind. Ganz zu Beginn des Lebens ist es die Mutter, die uns ernährt, unsere Unmutsäußerungen hört und ernst nimmt und bestenfalls weiß, was zu tun ist. Später ist es die Kindergärtnerin oder in der Schule Frauen und Männer, die die Regeln bestimmen, was erlaubt ist und was nicht. Verschiedene Sanktionsmöglichkeiten stehen den Autoritäten zur Verfügung, und wir alle lernen früh, was folgt, wenn wir bestimmte Grenzen übertreten.

Die aufgezählten Menschen in den verschiedenen Rollen haben zwei Seiten. Eine fördernde, wo sie uns Halt, Unterstützung und Sicherheit geben, Neues beibringen und in unterschiedlichem Maße uns Sympathie und Zuneigung entgegenbringen. Aber Autoritäten haben auch mal einen schlechten Tag, sind ungerecht oder schlicht mit der Aufgabe überfordert. Dann erleben wir ihre unangenehmen Seiten, mit denen wir irgendwie zurechtkommen müssen.

Frühe Erfahrungen beeinflussen, wie wir Autoritäten erleben, was wir von ihnen erwarten, bekommen und befürchten müssen. Folgende Autoritätserfahrungen sind denkbar:

- Eine Autorität, die uns fördert und in angemessenem Rahmen fordert, bei der wir spüren, dass wir trotz der Abhängigkeit geachtet, gemocht, vielleicht geliebt werden.
  Hier ist es am leichtesten möglich, zu wachsen und seinen eigenen Weg zu gehen.
- Eine Autorität, die sich uns gegenüber neutral, kühl oder indifferent verhält, von der wir wenig oder nichts lernen können und bei der wir nicht sicher sind, wie sie gefühlsmäßig zu uns steht, weil sie emotional nicht spürbar wird.
  Hier ist es möglich, dass wir Autoritäten insgesamt als inkompetent und überflüssig betrachten und uns nur noch auf die eigene Stärke verlassen und Autoritäten offen oder versteckt nicht respektieren oder gar verachten.
- Eine Autorität, die uns vor allem kritisiert, abwertet, bestraft und bei der wir spüren, dass wir abgelehnt und klein gemacht werden. Abwehr, Feindseligkeit bis hin zum Hass können in uns entstehen.
  Hier ist es wahrscheinlich, dass wir uns unterordnen, das stumme Gehorchen lernen, unsere Rache- und Wutgefühle verdrängen, die sich dann vielleicht an ganz anderer Stelle Bahn brechen.

Wenn Sie tiefer gehen wollen

Hilfreich für das Verstehen von Beziehungen ist das Konzept des »Status«, wie es von Keith Johnstone (siehe Literatur S. 176) im Rahmen seiner Theaterarbeit als nützliches Werkzeug für die Analyse und die Steuerung von Kommunikationsprozessen verwendet wurde. Danach unterscheidet man drei Arten von Status:

- Im *Hochstatus* ist, wer durch sein Verhalten seine Überlegenheit und/oder die Unterlegenheit seines Gegenübers demonstriert. Dito: Ich habe die Kontrolle.
- Im *Tiefstatus* ist, wer durch sein Verhalten seine Unterlegenheit und/oder die Überlegenheit seines Gegenüber demonstriert. Dito: Ich gebe die Kontrolle ab.
- Im *Gleichstatus* ist, wer durch sein Verhalten seine Ebenbürtigkeit bezüglich des Gegenübers demonstriert. Dito: Ich teile die Kontrolle.

Ganz viele soziale Interaktionen werden durch diese drei Zustände reguliert. In feineren Restaurants kann sich ein Gast seinen Tisch nicht selbst aussuchen. Er geht zum Ober und bekommt einen passenden Tisch zugewiesen. Für diesen kurzen Moment ist der Kellner der Ranghöhere. Haben die Gäste Platz genommen, kehrt sich das Verhältnis um und der Gast ist der Ranghöhere.

Es ist aus meiner Sicht ein deutliches Zeichen von Erwachsensein, wie flexibel jemand mit diesen verschiedenen Statuszuständen umgehen kann. Manche Menschen haben einfach große Mühe damit, sich in den Tiefstatus zu begeben, was vor allem auf Autobahnen gut zu beobachten ist. Manch einer, der ein PS-starkes Fahrzeug erworben hat, glaubt, damit einen eingebauten Hochstatus für alle Straßen mit gekauft zu haben.

> *Ein Coaching-Klient äußerte sich einmal verärgert darüber, dass er jetzt schon dreimal einen Strafzettel bekommen habe, als er seinen Wagen vor meiner Praxis parkte.*

*»Das wundert mich nicht«, sagte ich, »in der Straße dür-
fen nur Anlieger parken.« Nach einer Weile kam heraus,
was er mit derlei aus seiner Sicht unberechtigten Geld-
strafen machte. »Ich knülle sie zusammen und werfe sie
auf die Straße«, berichtete der Mann. »Und die Mahnun-
gen und die Bußbescheide, die dann kommen, was machen Sie damit?«, wollte ich wissen. »Die werfe ich natürlich auch weg«, bekannte er. Erst kurz vor ernsteren
Maßnahmen lenkte der Klient ein und zahlte.*

*Man sieht, sich nicht freiwillig in den Tiefstatus bege-
ben zu können, hat seinen Preis.*

Menschen mit Autoritätsproblemen verwechseln den Tiefstatus mit Unterwerfung und Ohnmacht. Sie erleben oder befürchten, dass der andere über sie bestimmen könnte und sie
keine Wahl hätten, als dies zu ertragen oder zu rebellieren.

Diese Ängste rühren öfter aus Beziehungserfahrungen in
Kindheit und Jugend als aus den sozialen Interaktionen des
Erwachsenenlebens. Theoretisch ist das den meisten klar,
doch emotional werden sie trotzdem von unbewussten Gefühlen überwältigt und reagieren dementsprechend.

*So versuchte ich dem Klienten, der alle Strafzettel igno-
rierte, zu erklären, dass er, wenn er absichtlich seinen Wagen im Halteverbot parkt, eigentlich eine Wette startet.
»Wenn Sie gewinnen, haben Sie das Geld fürs Parkhaus ge-
spart und werden nicht erwischt. Wenn Sie verlieren, zahlen Sie den Wetteinsatz von zehn Euro für einen gemeinnüt-
zigen Zweck in die Gemeindekasse der Stadt Heidelberg.«*

Ihr Chef kann Ihnen eine Abmahnung schicken oder
schlimmstenfalls kündigen, umgekehrt geht das nicht. Aber
Sie sind nicht machtlos. Sie können ein offenes Gespräch mit
ihm suchen, sich Verstärkung beim Betriebsrat holen oder
auch kündigen. Sie mögen sich machtlos und unterlegen fühlen – aber Sie sind es faktisch nicht.

Hilfreiche Sätze

Setzen Sie sich bequem hin, lesen Sie vorher den Satz, den Sie dann, wenn Sie Ihre Augen geschlossen haben, leise oder laut vor sich hinsagen. Achten Sie genau auf Ihre inneren Reaktionen. Die mögen deutlich oder kaum wahrnehmbar sein. Wie Sie Ihre Reaktionen auf den jeweiligen Satz interpretieren können, können Sie noch einmal auf Seite 55 nachlesen.

- »Der Kampf ist vorbei.«
- »Das Leben ist kein Kampf.«
- »Ich kann tun, was ein anderer sagt, ohne mich zu unterwerfen.«
- »Ich respektiere meinen Chef, weil er mein Chef ist.«
- »Ich kann meinen Chef respektieren, muss ihn aber nicht mögen.«
- »Ich kann mir Hilfe holen.«
- »Ich bin nicht mehr machtlos.«
- »Ich erlaube mir, nachzugeben.«
- »Ich muss nicht jeden Kampf gewinnen.«
- »Es ist vorbei.«
- »Es war nicht meine Schuld.«
- »Ich habe nichts Schlimmes getan.«

Einige der obigen Sätze können starke Gefühle bei Ihnen auslösen, wenn Sie sie mit geschlossenen Augen und in einem achtsamen Zustand sagen. Denn sie berühren möglicherweise Gewalterfahrungen oder andere Erlebnisse, bei denen Sie gelernt haben, dass man in Beziehungen vor allem mit Höhergestellten vorsichtig sein muss und besser nicht vertraut.

Es wäre gut, wenn Sie diese Gefühle so weit, wie es geht, zulassen könnten, denn die damit zusammenhängenden Erlebnisse haben Sie vermutlich stark geprägt. Und obwohl diese Dinge vor Jahren und Jahrzehnten passiert sein mögen, merken Sie jetzt, wie lebendig sie noch in Ihnen sind.

Beachten Sie das Positive daran: Weil Sie jetzt möglicherweise einen emotionalen Kontakt dazu haben – und das ist viel wichtiger als die verstandesmäßige Erinnerung –, können Sie diese Dinge bearbeiten. Entweder allein mit den Übungen in diesem Buch oder mit professioneller Hilfe.

Und hier ein Experiment

Machen Sie Frieden mit Ihren Eltern

Um erwachsen zu werden, ist es wichtig, sich von seinen Eltern abgelöst zu haben. Ablösen kann man sich nicht, indem man gegen die Eltern rebelliert oder sie abwertet. In der Pubertät ist das ein wichtiger Schritt, aber nicht mehr als Erwachsener. Ablösung besteht – kurz gefasst – darin, dass man seine Eltern akzeptiert mit all dem, was sie für einen getan haben, und mit all ihren Schwächen. Ihre Eltern schulden Ihnen nichts mehr, Sie brauchen nicht mehr auf etwas von ihnen zu warten.

Um zu untersuchen, wie Ihr Verhältnis zu Ihren Eltern ist, können Sie Folgendes ausprobieren:

- Schließen Sie Ihre Augen, entspannen Sie sich und stellen Sie sich innerlich Ihren Vater oder Ihre Mutter vor. Entweder das Gesicht Ihrer Mutter/Ihres Vaters oder wie sie/er vor Ihnen sitzt. Und beobachten Sie, was sich in Ihnen verändert.

  Vielleicht verändert sich Ihre Atmung oder Sie bemerken eine Anspannung irgendwo im Körper. Oder Sie empfinden ein Gefühl von Ärger, Traurigkeit oder Rückzug. Lassen Sie möglichst alle Gefühle zu, erklären Sie nicht zu viel, lassen Sie einfach geschehen.

- Im zweiten Schritt können Sie ausprobieren, verschiedene Sätze zu Ihrem Vater oder Ihrer Mutter zu sagen:

  »Ich bin deine Tochter – und du bist mein Vater/meine Mutter.«

  »Ich bin dein Sohn – und du bist mein Vater/meine Mutter.«

  »Lieber Vater/liebe Mutter – ich achte und ehre dich.«

Wie gesagt, dies sind Experimente, es gibt dabei kein falsches oder richtiges Ergebnis. Doch ermöglichen Ihnen diese Experimente herauszufinden, wie Ihr Verhältnis zu Ihren Eltern heute ist. Ob Sie genügend abgelöst sind, um mit ihnen persönlich in Kontakt zu treten.

Hier einige Empfehlungen, was Sie noch tun können

Ich möchte Ihnen noch ein Experiment vorschlagen, das aber wiederum wenig auslösen wird, wenn Sie es hier nur durchlesen. Um wirklich die Kraft und den Nutzen zu erfahren, müssen Sie es schon ausprobieren.

- Also, setzen Sie sich auf einen Hocker oder einen Stuhl ohne Rückenlehne. Ihr Rücken muss frei zugänglich sein. Oder Sie machen das Experiment im Stehen in der Mitte eines großen Zimmers. Schließen Sie die Augen und stellen Sie sich vor, dass etwa in einem Meter Abstand hinter Ihnen Ihre Eltern stehen. Und hinter Ihren Eltern sollen die Eltern Ihrer Eltern stehen und dahinter Ihre Urgroßeltern usw. in einer immer breiter werdenden Reihe von Ahnen, meinetwegen bis ins Mittelalter oder noch weiter zurück.
Es spielt dabei keine Rolle, ob Sie die betreffenden Menschen, also zum Beispiel Ihre Großeltern, kennengelernt haben oder wissen, wie sie aussehen. Es können einfach Personen sein, von denen Sie wissen, dass es Ihre Urgroßeltern und Ur-Urgroßeltern usw. sind.
Und dann machen Sie sich klar, was Ihr Ursprung ist. Es sind diese Menschen. Ohne diese gäbe es Sie nicht. Und spüren Sie die Kraft und das Wissen, über das alle diese Menschen verfügten. Und dass auf irgendeine Weise einiges davon in Ihnen steckt. Aber spüren Sie vor allem die Kraft, die Sie aus der Verbundenheit mit Ihren Ahnen schöpfen können.
- In dem Buch »Naikan — Versöhnung mit sich selbst« von Gerald Steinke und Claudia Müller-Ebeling fand ich drei

Fragen, die auch sehr sinnvoll für eine Versöhnung mit den eigenen Eltern sein können – vor allem dann, wenn Sie versuchen, Ihre Eltern für etwas verantwortlich zu machen, das in Ihrem Leben nicht klappt.

Diese drei Fragen kann man nicht auf die Schnelle beantworten. Meist werden die drei Fragen in einem mehrtägigen Meditationsseminar behandelt. Aber vielleicht haben Sie Lust, sich zu Hause einen Rahmen zu schaffen, wo Sie – vielleicht über mehrere Tage – diese Fragen schriftlich beantworten möchten. 📖

Die drei Fragen lauten:

1. Was hat meine Mutter/mein Vater für mich getan?

2. Was habe ich für meinen Vater/meine Mutter getan?

3. Welche Schwierigkeiten habe ich dieser Person bereitet?

Diese Fragen und Ihre Auseinandersetzung damit sind ein machtvolles Instrument, denn sie bringen Sie heraus aus der inneren Kind-Position Ihren Eltern gegenüber. Im besten Fall ermöglichen Ihnen die drei Fragen eine Auseinandersetzung auf gleicher Augenhöhe mit Ihren Eltern.

Was Sie außerdem tun können

📖 Sammeln Sie jene Situationen und Aussprüche Ihres Chefs, die emotional schwierig für Sie sind. Hier zur Einstimmung ein paar Beispiele von Chefsprüchen, die ich im Internet gefunden habe:

»Wer lacht, hat noch Reserven.«

»Lassen Sie das, konzentrieren Sie sich auf die einfachen Aufgaben.«

»Überstunden sind ein Zeichen dafür, dass Sie sich mit der Firma identifizieren.«

»Ich will keine Probleme, sondern Lösungen.«

»Mein Weg oder Heimweg, was ist Ihnen lieber?«

»Wie lange arbeiten Sie hier schon – morgen einmal nicht mitgerechnet?«

Damit Sie mehr Handlungs- und Reaktionsmöglichkeiten in solchen Situationen bekommen, ist es nützlich, dass Sie genauer verstehen, was diese Sätze oder Situationen bei Ihnen auslösen. Dazu können Sie folgenden Dreier-Schritt benutzen, und auch das am besten wieder schriftlich in Ihrem Logbuch 📖:

1. Was passiert genau in der Realität?

   Was sagt Ihr Chef? Was genau ist die Situation? Auf welchen Auslöser reagieren Sie am stärksten (Inhalt, Gestik, Mimik usw.)?

   Beispiel: Sie kommen zehn Minuten zu spät ins Büro, ihr Chef sieht Sie und tippt wortlos mit dem Zeigefinger auf seine Armbanduhr.

2. Wie interpretieren Sie dieses Verhalten Ihres Chefs automatisch?

   Sie wissen nicht genau, was Ihr Chef damit signalisieren will, aber Sie interpretieren es sofort und reagieren darauf auch mit Gefühlen und Gedanken.

   Beispiel: Sie fühlen sich unberechtigt ermahnt, als würden Sie häufig zu spät kommen, und ärgern sich.

3. Sie untersuchen achtsam, aus welchen Quellen Ihre Interpretation stammt.

   Vermutlich will der Chef Sie mit seiner Geste an Pünktlichkeit erinnern. Vielleicht, weil er ein Perfektionist ist oder weil er Sorgen hat, dass hier ein Schlendrian einreißt. Mit anderen Worten: Sie müssen sich nicht persönlich ermahnt oder angegriffen fühlen. Doch das tun Sie – und das hat vor allem mit Ihnen zu tun und Ihren automatisch aufgerufenen Beziehungserfahrungen. Deswegen reagieren Sie so emotional.

   Beispiel: Sie könnten lachend antworten »Ja ich weiß, ich bin spät dran!« oder stöhnen »So ein Wahnsinnsverkehr heute Morgen«.

8. »Ich habe Angst vor Konflikten.«

Wie Sie lernen, sich besser durchzusetzen

> »Das Schwierige im Leben ist es,
> Herz und Kopf dazu zu bringen zusammenzuarbeiten
> – in meinem Fall verkehren sie
> noch nicht mal auf freundschaftlicher Basis.«
>
> *Woody Allen*

Als ein Jude einmal dem Rabbi klagte, dass er von einem Lieferanten betrogen worden sei, hörte der Rabbi aufmerksam zu und befand dann: »Du hast recht.« Als sich der beschuldigte Lieferant seinerseits über das Gebaren des Anklagenden ausließ, hörte der Rabbi wieder aufmerksam zu und antwortete: »Du hast recht.«

Die Frau des Rabbiners hatte alles mit angehört, und warf ihrem Mann vor, dass er doch nicht beiden recht geben könne. Darauf der Rabbi: »Da hast du auch recht.«

> *nach: Salcia Landmann, »Jüdische Witze«*

War der Rabbi ein weiser Mann oder war er konfliktscheu? Auf jeden Fall sind Konflikte der Preis, den wir für die Vielfalt und das Privileg der Auswahl zahlen. Wo Menschen miteinander zu tun haben, sind Konflikte eine natürliche Folge, weil Menschen unterschiedliche Bedürfnisse, Interessen und Ansichten haben.

Was ist ein Konflikt? Eine brauchbare Definition ist:

> Ein Konflikt entsteht, wenn zwei oder mehr Parteien unterschiedliche Interessen haben, die unvereinbar scheinen, und sich die Parteien dementsprechend verhalten.

Das Interessante bei dieser Definition ist der Satzteil »unterschiedliche Interessen haben, die unvereinbar *scheinen*«. Das heißt, bei einem Konflikt können die Interessen für einen Außenstehenden durchaus vereinbar sein, nur den beteiligten Kontrahenten *scheinen* sie unvereinbar. Das zeigt auch, dass ein Konflikt weniger durch die objektiven Gegebenheiten verursacht wird, sondern vielmehr durch die individuellen Interpretationen dieser Gegebenheiten durch die Streitpartner. Das lässt hoffen.

Denn wenn ein Streit weniger durch die Sachebene bedingt ist als durch die Art und Weise, wie die beteiligten Personen die »Sache« wahrnehmen und interpretieren, lässt dies Spielraum für Verhandlung. Man kann Interessen und Positionen klären und besprechen und dann gemeinsam nach Kompromissen suchen, die für beide Seiten tragbar sind. Eine gute Anleitung bietet das bekannte Harvard-Modell (siehe Literatur auf Seite 175, Roger Fisher).

Doch nicht alle Konflikte sind nach diesem vernünftigen Modell lösbar. Denn es gibt auch unlösbare Konflikte. Eine gute Definition dafür lautet:

> Ein Konflikt ist dann unlösbar, wenn wenigstens eine Partei vom Fortbestehen des Konflikts mehr Vorteile hat oder sich verspricht als von einer Konfliktlösung.

So wird ein Rechtsanwalt seiner Mandantin in einem Scheidungsverfahren selten raten, in das viel zu niedrige Angebot für einen Versorgungsausgleich des reicheren Mannes einzuwilligen. Nicht nur aus Sorge um die finanzielle Zukunft seiner Mandantin, sondern vielleicht auch aus Sorge um sein zu niedriges Honorar. Der Rechtsanwalt profitiert davon, wenn der Konflikt aufgrund der anfangs weit auseinanderliegenden Vorstellungen erst einmal unlösbar erscheint.

Die häufigsten Konfliktvermeidungsmuster hat Virginia Satir (siehe Literaturempfehlungen auf Seite 177) gut beschrieben. Sie unterscheidet vier Arten der Kommunikation, die Menschen automatisch anwenden, wenn sie einen Konflikt wahrnehmen oder befürchten. Das Ziel dabei ist, die Bedrohung des Selbstwertgefühls abzuwenden. Die vier Stile sind:

■ *Beschwichtigen*
Menschen mit diesem Stil kann man sich als »Friedensengel« vorstellen. Mit freundlicher, liebevoller Stimme versuchen sie, den anderen versöhnlich zu stimmen. Häufig entschuldigen sie sich, selbst wenn der andere ihnen auf den Fuß getreten ist. Sie können sich gut in andere einfühlen, haben kaum eigene Wünsche, können dafür die Wünsche anderer gut spüren und auch erfüllen.

Für sie zählt vor allem das »Wir«. Die aufopfernde Mutter der Familie, die vor allem dann glücklich ist, wenn es den anderen gut geht, ist ein Beispiel.

Doch dahinter steckt meist ein großes Bedürfnis nach Anerkennung, das der »Friedensengel« sich durch Wohlverhalten zu verdienen sucht. Dabei hilft ihm der innere Antreiber »Mach's allen recht!«. Vor allem mit Missstimmungen und Ärger kann der Friedensengel schwer umgehen und versucht alles, dass diese Gefühle nicht auftauchen.

■ *Anklagen*
Diesen Kommunikationsstil erkennt man am ausgestreckten Zeigefinger und der lauten Stimme. Beides soll signalisieren »Ich bin nicht einverstanden und ich habe recht« oder »Ich klage an und du bist schuld!«. Wer anklagt, stellt klar, dass er mit der Sache nicht einverstanden ist, und wenn etwas schiefgelaufen ist, er oder sie auf keinen Fall etwas damit zu tun hat. In einer Art »Vorwärtsverteidigung« werden die vermeintlichen Fehler bei anderen gesucht.

Wer sich bevorzugt als Boss aufspielt, ist oft innerlich unsicher, spürt das aber nicht, weil er sich wie ein Gorilla aufbläst und dadurch sich selbst und dem anderen Stärke demonstriert. Doch wahre Stärke muss man nicht demonstrieren, schon gar nicht durch einschüchternde Gesten. Wahre Stärke zeigt sich dadurch, dass man seine Bedenken, Gefühle oder Gründe auch ruhig darlegen kann, ohne den anderen zu bedrohen.

■ *Rationalisieren*
Menschen mit diesem bevorzugten Kommunikationsstil versuchen, den Konflikt und die dabei zu erlebenden Gefühle wegzufiltern. Dies geschieht vor allem durch eine rein rationale Betrachtungsweise, bei der man die Sache ganz korrekt und vernünftig untersuchen will. Körper und Gestik wirken ruhig, kühl und unbeteiligt. Mit monotoner Stimme versucht der Betreffende dem anderen zu erklären, warum er sich nicht aufregen müsse, die Sache doch ganz logisch wäre usw.

■ *Ablenken*
Diesen Kommunikationsstil erkennt man daran, dass der Betreffende auf eine Frage selten direkt antwortet, also zu dem, was der andere tut oder sagt, keine Beziehung aufnimmt. Das geschieht aber nicht aus taktischen Gründen, wie manchmal Politiker etwas ganz anderes antworten als das, was gefragt wurde. Vielmehr versucht der Ablenker, die wahrgenommene Bedrohung durch das Thema oder die Meinungsverschiedenheit zu verringern, indem er sich und den anderen inhaltlich und emotional »ausblendet«.

Fragen zum Thema

- Geben Sie oft nach, um Streit zu vermeiden?
- Haben Sie bei Konflikten oft ein ungutes Gefühl oder vielleicht Magenschmerzen?
- Warten Sie sehr lange, ob und wie Sie es ansprechen sollen, wenn Sie etwas stört?
- Suchen Sie die Schuld meistens bei sich, wenn jemand schlechte Laune hat oder Sie nicht grüßt?

- Stecken Sie oft Ihre Wünsche zurück, weil Ihnen Harmonie in Beziehungen über alles geht?
- Haben Sie schon in Ihrer Herkunftsfamilie öfters zwischen Familienmitgliedern vermittelt?
- Versuchen Sie meist, Ihren Ärger zu schlucken, wenn Sie jemand ärgert oder verletzt?

Wie sich diese Psychofalle entwickeln kann

Der Grundstein zu unserem Konfliktverhalten als Erwachsene wird bereits in frühester Kindheit gelegt. Ob wir Konflikte als bedrohlich oder fruchtbar empfinden, wie wir unsere eigenen Fähigkeiten zu streiten bewerten und unsere Aussichten, eine Auseinandersetzung zu gewinnen, einschätzen, das wird vor allem durch unsere Beziehungserfahrungen in Konflikten bestimmt.

Wer als Kind häufig ermahnt wurde, »sich nicht so wichtig zu nehmen« oder nachzugeben, weil er oder sie doch älter sei und deshalb vernünftiger zu sein habe, verinnerlicht früh, was in Konflikten erwünscht ist und was nicht. Auch das Streitverhalten der Eltern ist eine frühe Vorlage, anhand der Kinder lernen, ob und welche verschiedenen Streitstrategien es gibt. Das hat auch damit zu tun, ob man als Kind die Eltern und deren Beziehung als gleichberechtigt erlebt.

In meinen Persönlichkeitsseminaren lasse ich die Teilnehmer manchmal ihre Herkunftsfamilie malen und dabei kennzeichnen, wie sie als Kind die Dominanz in der Familie erlebt haben. Schon kleine Kinder können das instinktiv beurteilen. Gehen Sie mal in den Kindergarten und fragen Sie dort die Vierjährigen: »Sag mal, wer ist zu Hause bei euch der Chef?« Die Vierjährigen werden Ihnen ohne langes Nachdenken antworten.

Oder fragen Sie Ihre eigenen Kinder …

Auf den Bildern meiner Seminarteilnehmer gibt es eine klare Tendenz. Meist ist ein Elternteil deutlich größer, selten werden beide gleich groß gezeichnet. Entweder ist es der Vater, der mit lauter Stimme, schlechter Laune oder Strafen die Familie beherrscht. Oder aber eine dominante Mutter, die mit moralischen Appellen (»Was sollen die anderen Leute denken?«) oder dem Erzeugen von Schuldgefühlen, durch Abwertungen oder tagelanges Schweigen als Strafe ihre Erziehungsgewalt ausübt – meist in Kombination mit einem überwiegend abwesenden Vater, der wochentags viel arbeitet und sich am Wochenende ausruhen muss oder in den Hobbykeller flüchtet.

Fragen:

Wie wurden in Ihrer Familie Meinungsverschiedenheiten geregelt?

Welcher Person aus Ihrer Familie ähnelt Ihr Konfliktverhalten heute?

Was ist Ihre größte Angst, angenommen, Sie würden auf Konflikte zugehen?

Wenn Sie tiefer gehen wollen

Konfliktstärke hat nicht nur mit erlerntem Verhalten anhand von Vorbildern zu tun, sondern auch mit Ihrem Bindungsstil. Wer sich traut, einen Konflikt zu riskieren, braucht die Sicherheit, dass er damit nicht gleich die Beziehung riskiert. Viele Menschen vertreten ihre Meinung nicht, weil Sie Angst haben, der andere würde sie dann nicht mehr mögen, sich abwenden oder sie verlassen. Dahinter steckt die Überzeugung, die Beziehung würde einen Streit nicht aushalten und darüber massiv beeinträchtigt werden oder gar zerbrechen.

Das mag im Einzelfall tatsächlich einmal passieren, aber die Regel ist es nicht.

Ein Mitarbeiter wundert sich, warum sein Chef das reizvolle Projekt an seinen Kollegen vergibt, obwohl es genau seinem Tätigkeitsschwerpunkt entspricht. Er quält sich mit den befürchteten Konsequenzen, wenn er seinen Vor-

*gesetzten nach den Gründen für diese Entscheidung fra-
gen würde, empfände dieser das nicht als versteckte Kritik? Als unangemessene Einmischung?*

*Als Monate später beim Jahresendgespräch das Thema
doch aufkommt, fragt der Vorgesetzte ganz verwundert:
»Aber warum haben Sie denn nichts gesagt? Ich hatte angenommen, dass Sie nichts Neues mehr annehmen konnten, und als Sie nichts sagten, nahm ich an, die Entscheidung wäre auch in Ihrem Sinn.«*

Allzu oft übertragen wir Konfliktmuster aus der Vergangenheit in die Gegenwart. Die frühen Erfahrungen, die wir in
Auseinandersetzungen und Streits gemacht haben, sitzen als
Blaupause fest in uns und beeinflussen uns unbewusst immer
noch ungeheuer stark.

Exkurs: Bindungsstil und Beruf

Der bindungstheoretische Ansatz unterscheidet drei Bindungsstile bei Erwachsenen.

Sicher gebundene Erwachsene haben keine Angst vor Nähe
oder davor, vom Partner im Stich gelassen zu werden.

Ängstlich-ambivalente Personen erleben einen ausgeprägten
Wunsch nach Nähe und Gegenseitigkeit in der Bindung,
was der Partner ihrer Meinung nach oft nicht ausreichend
erwidert.

Vermeidende Personen schließlich weichen einer zu großen
Nähe zu ihren Partnern aus und versuchen meist, eine gewisse Distanz zu wahren.

Diese Bindungsstile der Erwachsenen sollen von bestimmten
Kindheitserfahrungen wie der Ansprechbarkeit und Feinfüh-
ligkeit ihrer Bezugsperson abhängen. Natürlich ist es schwierig, einen derartigen Zusammenhang zwischen dem Bin-
dungsverhalten in der Kindheit und der Bindungsorientierung
als Erwachsener herzuleiten oder gar nachzuweisen.

Eine Studie von Hazan & Shaver (1996) untersuchte die

Frage, wie sich der Bindungsstil eines Menschen auch auf dessen Konfliktverhalten im Beruf auswirkt. Ihre Ergebnisse zeigten, dass sichere Menschen weitgehend zufrieden mit Beruf, Bezahlung, Aufstiegsmöglichkeiten und Kollegen sind.

Menschen mit einem ängstlich-ambivalenten Bindungsstil sind dagegen eher in Sorge, ihren Arbeitsplatz zu verlieren, verdienen weniger und suchen bei der Arbeit verstärkt nach Anerkennung. Sie wollen bei Kollegen, Vorgesetzten und Kunden vor allem gemocht werden und sind schnell enttäuscht, wenn das nicht einzutreten scheint. Sie arbeiten gerne im Team, vernachlässigen jedoch häufig die Arbeit zugunsten der Beziehungspflege.

Mitarbeiter mit einem vermeidenden Bindungsstil haben an ihren Kollegen oft etwas auszusetzen, arbeiten nicht gerne im Team, sondern allein. Arbeit ist ihnen sehr viel wichtiger als Liebe, das macht sie von Beziehungen unabhängiger. Oft schieben sie dann auch die Arbeit als Grund vor, warum sie keine Zeit für soziale Kontakte haben.

Hilfreiche Sätze zum Ausprobieren

Setzen Sie sich bequem hin, lesen Sie vorher den Satz, den Sie dann, wenn Sie Ihre Augen geschlossen haben, leise oder laut vor sich hinsagen. Achten Sie genau auf Ihre inneren Reaktionen. Die mögen deutlich oder kaum wahrnehmbar sein. Wie Sie Ihre Reaktionen auf den jeweiligen Satz interpretieren können, können Sie auf Seite 55 noch einmal nachlesen.

- »Ich nehme mich ernst.«
- »Meine Argumente sind wichtig.«
- »Andere hören mir zu.«
- »Andere sind an meiner Meinung interessiert.«
- »Andere wollen wissen, was ich fühle.«
- »Ich bin wichtig.«
- »Ich kann auch mal verlieren.«
- »Einen Streit zu verlieren ist keine Schande.«

- »Ich muss nicht immer nett sein.«
- »Es müssen mich nicht alle mögen.«
- »Ich bin getrennt von anderen.«
- »Ich muss nicht immer gewinnen.«

Und hier zwei Experimente

- Zetteln Sie kontroverse Diskussionen unter Freunden oder Bekannten an – als Experiment, um Streiten zu üben. Nehmen Sie irgendein Thema, einen Film oder ein Buch oder ein politisches Ereignis und vertreten Sie eine möglichst angreifbare Position; Sie wollen ja üben. Überlegen Sie sich vorher ein paar Argumente, mit denen Sie Ihren Standpunkt untermauern können. Und dann legen Sie los.
Sie sollen oder müssen diesen Meinungsstreit nicht gewinnen. Wenn Sie merken, dass Ihre Position unhaltbar geworden ist, geben Sie nach und sagen etwas in der Art wie: »Okay, du hast mich überzeugt.« Sie sollen mit diesen Streitexperimenten neue Erfahrungen machen. Und zwar solche, dass es bei den meisten Streits um nichts Substanzielles geht. Dass eben verschiedene Menschen über Dinge verschiedene Ansichten haben. Und dass die meisten Beziehungen einen Streit aushalten. Und dass es vielleicht sogar beginnen könnte, Ihnen Spaß zu machen.
- Stellen Sie sich an einer Schlange an – und drängen Sie sich vor. Nennen Sie dabei einen guten Grund, warum Sie sich vordrängen. Glauben Sie mir, die meisten Menschen werden Sie vorlassen.

Was Sie noch tun können

Denken Sie eine Weile über Ihre Geschwister in Bezug auf Konflikte nach
Denn auch durch die Auseinandersetzung mit den Geschwistern lernt man früh, wie es »in der Welt« zugeht. Liegen die Geschwister altersmäßig eng beieinander, etwa ein bis drei

Jahre, gibt es erfahrungsgemäß mehr Konflikte, als wenn die Geschwister deutlich älter (mehr als vier Jahre) sind. Denn mit einem altersmäßig nahen Geschwister entwickelt sich meist eine enge Bindung, weil sich beide in ihrem Entwicklungsstand und ihren Interessen ähnlich sind. Oft spielen Eifersucht und Neid des älteren Geschwisters, das sich bei wenig Altersabstand meist in einer ungünstigeren Position befindet, eine größere Rolle. Denn gerade die Ausbildung einer eigenen Identität, die von der Mutter abgegrenzt ist, fällt in das zweite und dritte Lebensjahr und kann durch die Geburt eines jüngsten Geschwisters, das die vermehrte Aufmerksamkeit der Mutter oder der Familie beansprucht, empfindlich beeinträchtigt werden.

Nicht nur speziell auf die Konfliktfähigkeit, sondern ganz allgemein auf die Persönlichkeit eines Kindes wirken sich besondere Geschwisterkonstellationen aus.

- Wurde ein Kind mit einer Behinderung geboren, ist die Ankunft des nächsten Kindes mit übergroßer Sorge und Angst beladen. Auch nach der Geburt trägt das »gesunde« Kind oft die Hypothek, möglichst pflegeleicht und angenehm zu sein und vor allem hinsichtlich Leistung all das wettzumachen, zu dem das behinderte Kind nicht imstande war. Auf der anderen Seite lernt man durch das Aufwachsen mit einem behinderten Geschwister früh, sich einzufühlen, Verantwortung zu übernehmen und hilfsbereit zu sein, auch wenn man gerade keine große Lust dazu hat.

- Die steigenden Scheidungszahlen führen auch zu neuen Familienformen. Ein Stiefgeschwister, das oft noch die emotionalen Folgen einer Scheidung zu verdauen hat, kommt ganz neu in den familiären Haushalt. Die Geburt eines Halbgeschwisters stellt oft eine Belastung für die Familie dar, da sich die älteren Stiefkinder meist ablehnend gegenüber dem kleinen Geschwister verhalten.

- Zuweilen antworten Menschen auf den Zusammenhang zwischen ihrer Herkunft und ihrem Verhalten mit dem Einwand: »*Ja, aber mein Bruder ist ganz anders und der hatte doch dieselben Eltern.*« Genetisch betrachtet stimmt das sicher, doch auf den zweiten Blick sieht die Sache anders aus. Die Eltern und vor allem die Familienkonstellation sind nie gleich. Das erste Kind kommt zu einem Paar, man ist zu dritt. Das zweite Kind wird in eine Dreierkonstellation hineingeboren und verdrängt als Erstes das älteste Kind von seinem »Thron«. Die Eltern müssen ihre Zeit, Energie und Aufmerksamkeit ab jetzt auf zwei Kinder aufteilen. Das dritte Kind verändert wieder die gesamte Konstellation. Insofern ändern sich die Landkarten der Eltern und jedes Kindes in einer Familie mit jeder Veränderung.

Wenn Sie einen Moment Ihre Konfliktfähigkeit heute in Bezug setzen mit Ihrer Rolle damals in der Herkunftsfamilie unter den Geschwistern – was fällt Ihnen dazu ein?

Was hat sich heute im Kontakt zwischen den Eltern und den Geschwistern geändert, was ist gleich geblieben?

Was Sie außerdem tun können

- Schauen Sie Diskussionsrunden im Fernsehen. Weniger wegen der Inhalte, sondern um zu beobachten, welche verschiedenen Strategien es in Streitgesprächen gibt. Neben Fragen stellen, zuhören und seinen Standpunkt darstellen gibt es noch eine Fülle anderer Strategien. Man kann wertschätzen, anerkennen, seinen Standpunkt revidieren, ergänzen, aufgeben, man kann seine Gefühle mitteilen, aber auch provozieren, den Beitrag eines anderen disqualifizieren, mit Humor arbeiten usw. Je mehr Strategien Ihnen zur Verfügung stehen, umso flexibler können Sie in Diskussionen und Konflikten agieren und reagieren.
- Das Buch »Die Streitschule« (siehe Literaturempfehlungen Seite 176) enthält eine Fülle von Übungen und Anregungen zum Trainieren Ihrer Kommunikationsfähigkeiten in Auseinandersetzungen.

9. »Ich bin der Größte.«

Die unstillbare Suche nach Anerkennung überwinden

> »Ich würde ja meine Fehler zugeben,
> wenn ich welche hätte.«
>
> *Anonym*

Ein hochgewachsener, braun gebrannter Mann von etwa 45 Jahren betritt zum ersten Mal meinen Praxisraum. Als ich ihn bitte, Platz zu nehmen, schreitet er betont langsam zu dem angewiesenen Sessel und mustert dabei neugierig die Einrichtung. »Ach, das Sideboard gibt es bei IKEA, das haben wir für meine Tochter auch gekauft«, ist sein erster Satz. Nachdem er Platz genommen hat, sagt er: »Mein Internist Dr. Müller schickt mich wegen angeblicher Burnout-Gefährdung. Haben Sie Erfahrung mit sowas?«

Der neue Coaching-Klient ist keine zwei Minuten mit mir im selben Raum und schon fühle ich einen Impuls, etwas zu erklären oder mich zu rechtfertigen. Noch vor einigen Jahren hätte ich auf den ersten Satz patzig geantwortet: »Sind Sie hier zum Möbelschätzen oder wegen was Wichtigerem?«

Mittlerweile bin ich klüger, verstehe meine Gefühle als erste Gegenübertragungsreaktionen auf den Klienten und vermute, dass wieder einmal ein Mensch mit dem Thema »Ich bin der Größte« vor mir sitzt. Ich schaue ihn also freundlich an und frage: »Was führt Sie denn zu mir?«

Fragen zum Thema

- Haben Sie manchmal Angst, als Schwindler entlarvt zu werden?
- Fühlen Sie manchmal, vor allem, wenn Sie nicht dauernd beschäftigt sind oder sich ablenken, eine unangenehme Leere in sich?

- Können Sie starke Eifersucht zeigen?
- Legen Sie beim Kauf von Produkten großen Wert auf teure Marken?
- Sind Sie mitunter sehr neidisch auf andere, denen es vermeintlich besser geht im Leben?
- Sind Sie von der Anerkennung oder Bewunderung anderer sehr abhängig?
- Wenn Sie von anderen wenig beachtet werden, versuchen Sie dann, durch Leistung Beachtung zu erhalten?
- Reagieren Sie auf Kritik oft gekränkt, auch wenn diese gerechtfertigt ist?
- Identifizieren Sie sich gerne mit anderen berühmten, bekannten oder bedeutenden Menschen?
- Verbinden Sie mit Geld Macht, Einfluss oder Erfolg?
- Denken Sie insgeheim »Wer nicht für mich ist, ist gegen mich«?

Wie sich diese Psychofalle entwickeln kann

Der Narzissmus ist in unserer Kultur so verbreitet, dass uns dies schon gar nicht mehr auffällt. Der Soziologe Christopher Lasch spricht gar von einem »Zeitalter des Narzissmus«. Narzisstische Züge in einer Gesellschaft erkennt man daran, dass der eigene Vorteil, also der Eigennutzen, stark in den Vordergrund gerückt und nicht in angemessene Balance mit den Wünschen und Bedürfnissen anderer, also dem Gemeinwohl, gebracht wird.

Aktuelle Anzeichen dafür sind üppige Bonuszahlungen an Manager, die nachweislich ein Unternehmen in Schieflage gebracht haben, aber auch Fälle, wo verdienten Mitarbeitern wegen einer mitgenommenen Frikadelle oder anderer Bagatellbeträge der Arbeitsplatz gekündigt wird.

Es gibt einen gesunden Narzissmus, also eine angemessene Selbstliebe, die nicht mit Selbstsucht und der Entwertung anderer Menschen einhergeht. Solche Menschen haben in sich ein ziemlich ausgeglichenes seelisches Gleichgewicht.

Anzeichen, dass dieses Thema auf Sie zutrifft

Der narzisstische Charakter hat – wie andere Persönlichkeits-stile auch – positive und negative Merkmale. Einige der folgenden Ausführungen dazu habe ich ursprünglich bei Dr. Volker Buddrus gelesen:
www.prozessbegleitung.com/rueckwege/uebersicht.html;
ich verwende sie seitdem öfters in meinen Seminaren (siehe auch Empfehlungen Websites auf Seite 178).

- Sie berücksichtigen bei Ihrem Verhalten kaum andere Menschen.
- Sie kreisen viel um sich selbst bzw. bekommen immer wieder von anderen dieses Feedback.
- Sie haben hohe Ansprüche an sich.
- Sie benutzen andere Personen für Ihre Zwecke.
- In Beziehungen sind Sie sehr auf der Hut und unterstellen schnell unlautere Absichten.
- Sie sind bei Kritik – auch wenn sie berechtigt ist – schnell gekränkt und greifen an.
- Sie sind enorm leistungsfähig, weil Sie die Suche nach noch mehr Anerkennung treibt.
- Sie bewundern »große« Persönlichkeiten und eifern ihnen nach.
- Sie haben einen Hang zur »Grandiosität« und zeigen dies durch herausragende Ergebnisse oder Statussymbole.
- Sie haben ein gewisses Talent zum Täuschen, der geschickten Manipulation oder Lüge.
- Selbst bei Kleinigkeiten können Sie schnell ziemlich wütend werden und ausrasten.

Meist entsteht eine solche Psychofalle, wenn ein Mensch in Kindheit und Jugend zu wenig beachtet wird oder im Gegenteil zu sehr mit Aufmerksamkeit überschüttet wird, ohne tatsächlich dafür etwas Besonderes getan zu haben. So kann in solchen Menschen ein ungemein starkes Bedürfnis entstehen, von allen gesehen, geschätzt und bewundert zu werden. Denn solche Menschen verfügen nicht über ein stabiles Selbstwertgefühl, sondern empfinden ihre Identität eher als brüchig und angreifbar. Das hohe Maß an Aufmerksamkeit soll deshalb dabei helfen, das schwache Selbstwertgefühl zu stabilisieren.

Menschen mit diesem Problem fühlen wenig und empfinden auch wenig Empathie. Sie haben, wenn sie nicht durch Selbstbestätigungen durch andere Menschen oder eigene Größenfantasien aufgewertet werden, oft wenig Freude am Leben. Eine Leere oder gewisse Rastlosigkeit, die sich auch als Depression zeigen können, kommt zum Vorschein, wenn die äußere Fassade ihren Glanz verliert und keine neuen Quellen der Bewunderung und Selbstbestätigung da sind.

Deshalb sind Menschen mit einem narzisstischen Thema auch gegenüber Kritik enorm empfindlich. Sie fühlen sich zum einen sofort persönlich getroffen, können also den Sachaspekt der Kritik gar nicht heraushören. Zum anderen erleben sie diese persönliche Kritik nicht einfach nur als unangenehm, sondern fast immer als erniedrigend und vernichtend. Als Reaktion auf solche vermeintlichen Angriffe können narzisstische Menschen mit enormer Wut, nachtragenden Rachefantasien oder -handlungen oder großer Kälte reagieren.

Sich einen Narzissten zum Feind gemacht zu haben, ist ein gefährliches Unterfangen, da in der Regel das, was ihn so verletzt hat, nicht angemessen besprechbar ist, weil er sich mit seinen verletzten Gefühlen völlig im Recht fühlt und sich kaum in den anderen und dessen Beweggründe hineinversetzen kann.

Als Schutz vor diesen bedrohlichen Gefühlen träumen Narzissten davon, sich unverwundbar zu machen oder zumindest zu geben. Sie haben zuweilen grandiose Fantasien magischer Allmächtigkeit und wenn sie in einer entsprechenden Machtposition in einem Unternehmen oder einem System sind, so haben sie keine Skrupel, diese auch umzusetzen bzw. dies zu versuchen.

Wenn Sie tiefer gehen wollen

Im Beruf sind Menschen mit einem narzisstischen Thema häufig an der Spitze zu finden, denn sie haben einen ausgeprägten Machtinstinkt. Durch eine gehobene Position versuchen sie, ihre Gefühle von Ohnmacht, Hilflosigkeit und Minderwertigkeit zu kompensieren. Da sie oft auch über ein gewinnendes Wesen oder ein starkes Charisma verfügen, gelingt ihnen das häufig, wobei sie damit auch eine möglicherweise fehlende Sachkenntnis glänzend überspielen können.

In vielen Berufen, in denen eine gute Selbstdarstellung mit dazugehört, findet man Narzissten. Als Finanzbeamter in einem 2-Mann-Büro oder als Kassenwart in einem politischen Ortsverein sind die Möglichkeiten, narzisstische Bedürfnisse erfüllt zu bekommen, naturgemäß sehr gering. Doch für einen Unternehmer, Entertainer oder Politiker, der immer wieder zu Vorträgen, Interviews oder Diskussionen vor Publikum eingeladen wird, sieht das ganz anders aus.

> *Stellen Sie sich vor, Sie wären Robbie Williams, säßen in Ihrer Garderobe und wüssten, draußen haben 12.000 Menschen viel Geld gezahlt, um Sie zu hören. Gleich wenn Sie rausgehen, werden Ihnen alle zujubeln, bevor Sie auch nur »Good evening« gesagt haben. Das Konzert ist für 20 Uhr angesagt. Es ist schon 20.30 Uhr. Sie sitzen gemütlich in der Garderobe, witzeln mit den Jungs von der Band herum und wissen, dass 12.000 Menschen ungeduldig auf Sie warten. Sie haben es aber nicht eilig, denn Sie wissen, keiner von denen geht nach Hause. Alle wollen Sie sehen – weil Sie so gut sind, weil Sie so wichtig sind.*
>
> *Jetzt haben Sie einen Geschmack von der Droge »Aufmerksamkeit«. Robbie Williams ist aber kein glücklicher Mensch, sondern kämpft seit Jahren mit Depressionen.*

Vor allem sind Narzissten Meister darin, andere Menschen zu manipulieren. Sie können schmeicheln, Intrigen einfädeln, schrecken aber auch vor aggressiven Machtkämpfen nicht zurück. Da sie Kritik nicht vertragen, umgeben sie sich meist mit willfährigen Ja-Sagern. Doch die Machtbesessenheit, der Zynismus, die Verachtung und der wachsende Realitätsverlust führen oft auch zum Absturz aus höchsten Höhen.

Hilfreiche Sätze zum Ausprobieren

Setzen Sie sich bequem hin, lesen Sie vorher den Satz, den Sie dann, wenn Sie Ihre Augen geschlossen haben, leise oder laut vor sich hinsagen. Achten Sie genau auf Ihre inneren Reaktionen. Die mögen deutlich oder kaum wahrnehmbar sein. Wie Sie Ihre Reaktionen auf den jeweiligen Satz interpretieren können, können Sie auf Seite 55 noch einmal nachlesen.

- »Ich bin ein ganz normaler Mensch.«
- »Ich bin ein ganz gewöhnlicher Mensch.«
- »Ich bin niemand Besonderes.«
- »Ich bin ein Mensch wie alle anderen auch.«
- »Man darf mich kritisieren.«
- »Andere dürfen mir ganz nahe kommen.«
- »Ich bin ein wertvoller Mensch – so wie jeder andere.«
- »Auch ich werde im Alter mal krank und schwach sein.«
- »Es ist erleichternd, auch mal schwach zu sein.«
- »Es gibt nichts, wofür ich mich schämen müsste.«

Und hier die Experimente

Experiment: Legen Sie einen Fastentag ein

Verzichten Sie einen Tag lang darauf, sich Zuwendung, Spiegelung oder Anerkennung durch andere zu besorgen und die hierfür erforderlichen Strategien einzusetzen. (Die Idee zu diesen Übungen verdanke ich ebenfalls Dr. Volker Buddrus, siehe Empfehlungen Websites Seite 178.)

Um einen Tag diesen Verzicht zu üben, müssen Sie natürlich Ihre bevorzugten Strategien schon etwas kennengelernt haben und sich derer bewusst sein, wenn Sie sie anwenden. Die Testfragen zu diesem Kapitel oder auch die oben dargestellten Anzeichen für narzisstische Tendenzen liefern Ihnen dafür wichtige Anhaltspunkte.

Also angenommen, Sie halten gerne in Gesprächen oder Meetings lange Vorträge, um andere an Ihrem immensen Wissen teilhaben zu lassen und auf deren sprachlose Bewunderung hoffen zu dürfen – lassen Sie das für einen Tag. Fassen Sie sich kürzer. Hören Sie anderen mehr zu.

Angenommen, Sie sind ein Meister der zynischen Kommentare, des sarkastischen Humors auf Kosten Ihrer Mitmenschen – lassen Sie es einen Tag lang und sagen Sie stattdessen etwas Anerkennendes, wenn Sie es ehrlich meinen.

Experiment: Erkunden Sie Ihre Scham

Dies ist eine schwierige Übung, denn normalerweise verbergen narzisstische Menschen dieses Gefühl durch alle möglichen psychischen Abwehrmanöver wie Verdrängung, Projektion, Abwertung anderer etc. Doch Schamgefühle spielen dennoch eine große Rolle. Dabei bezieht sich Scham immer auf etwas, was und wie jemand ist – im Gegensatz zur Schuld, wo jemand etwas getan hat, was mit seinen Werten nicht vereinbar ist.

Als Kind haben Sie vermutlich öfters erlebt, dass wichtige Bezugspersonen von Ihnen enttäuscht waren, weil Sie deren Erwartungen nicht entsprachen. Sie galten in den Augen eines anderen als undankbar, zu frech, egoistisch, nicht intelligent oder fleißig genug usw. Das kann die Identität eines Kindes massiv erschüttern und es versucht, diese Scham vor sich selbst zu verstecken, indem es sich ablenkt, etwas »Großartiges« macht.

Im erwachsenen Leben kommt es deshalb oft vor, dass jemand etwas völlig Unmögliches, Grenzwertiges, Grauenvolles tut, jedoch kein Gefühl des Bedauerns oder der Reue empfindet oder zeigt. Manchmal kommt es dann zum »Fremdschämen«, dass also andere Menschen, die mit dem Geschehen gar nichts zu tun haben, die verleugnete Scham des Narzissten empfinden.

Nun zu der *ersten Übung:* Lassen Sie Erinnerungen auftauchen, in denen ein Elternteil oder ein anderer wichtiger
Mensch über Sie stark enttäuscht war. Um was ging es? Welche Gefühle hatten Sie dabei? Wie sind Sie mit den Gefühlen
umgegangen?

In einer *zweiten Übung* lassen Sie Erinnerungen kommen,
in denen Sie sich wegen etwas geschämt haben. Was genau
lief da ab? Wer war daran beteiligt? Wer oder was hat Sie ver-
anlasst, sich zu schämen?

Wichtig dabei ist, dass Sie sich dabei selbst gegenüber
möglich liebevoll betrachten, wie ein liebevoller Erwachsener, der einem hilflosen oder überforderten Kind beisteht.
Vielleicht ist es gut, diese Erinnerungen und Erfahrungen in
Ihr Logbuch zu schreiben. 📖

Experiment: Erkunden Sie Ihre innere Leere

Menschen mit einem narzisstischen Thema spüren zuweilen
eine innere Leere. Dabei handelt es sich nicht um die fried-
volle, bedürfnislose Leere, die manch einer in der Meditation
erlebt. Sondern es geht um eine unangenehme Leere, die vor
allem als Mangel erfahren wird. Der Mangel ist nicht spezi-
fisch, denn man kann ihn am ehesten als einen Mangel an
Identität beschreiben.

Diese innere Leere kann vor allem dann spürbar werden,
wenn die übliche Versorgung an Aufmerksamkeit und Spiegelung ausbleibt oder der Mensch freiwillig oder gezwungen
auf die übliche Ablenkung verzichtet.

*Seit etlichen Jahren werden einwöchige Seminare für Ma-
nager angeboten, die vorzugsweise in Klöstern stattfin-
den. Zu den Regeln dort gehört ein kompletter Entzug von
Telefon, Handy, Internet, Armbanduhr und Reden. Diese
Verbote sind als Hilfsmittel gedacht, um den Zugang nach
innen zu erleichtern. Auf einer Tagungspause kam mal das
Gespräch auf solche Seminare und zwei Führungskräfte
gestanden wortreich bzw. etwas kleinlaut, dass sie den*

kalten Entzug nicht ausgehalten hätten und am zweiten Tag abgereist wären.

Da der Kontakt mit der eigenen inneren Leere durchaus beängstigend sein kann, schlage ich Ihnen vor, sich dieser ganz langsam zu nähern. Es geht überhaupt nicht darum, dass Sie die Leere tapfer ertragen, sondern dass Sie herausfinden, ob es diese in Ihnen gibt und wie Sie diese erleben. Deshalb einige Vorschläge, die Sie für Ihre eigene Situation entsprechend abändern können: Gehen Sie öfters abends eine halbe Stunde spazieren. Ohne Handy versteht sich. Lassen Sie abends den Fernseher aus und sitzen Sie einfach da, unterhalten Sie sich mit Ihrem Partner, Ihren Kindern. Lesen Sie nicht beim Essen, sondern schmecken Sie mehr.

Experiment: Verringern Sie bewusst Ihren Status
Narzisstische Menschen brauchen Statussymbole, weil sie ihnen das Gefühl geben, etwas Besonderes zu sein. Dagegen ist erst einmal nichts einzuwenden, es kommt nur auf den Grad der Abhängigkeit an. Nicht das statusbetonte Verhalten ist problematisch, sondern Ihre möglicherweise feste Überzeugung, dass das irgendetwas mit Ihrem Menschsein zu tun hätte.

Theoretisch wissen Sie das natürlich, aber es ist hilfreicher und spannender, das am eigenen Leib zu erleben. Deswegen hier ein paar Vorschläge, wie Sie Ihre Abhängigkeit von Statussymbolen testen können:

- Fahren Sie eine Woche nicht mit Ihrem großen Auto ins Büro, sondern fahren Sie mit öffentlichen Verkehrsmitteln oder dem Fahrrad. Wenn Sie meistens Business-Class buchen, nehmen Sie die Holzklasse. Halten Sie jemandem die Tür auf, lassen Sie jemanden vor sich eintreten.
- Wenn exklusive Markenkleidung für Sie wichtig ist, kaufen Sie sich ein paar Hemden von C&A oder Woolworth und tragen Sie sie eine Woche lang. Benutzen Sie eine billige Armbanduhr statt Ihrer Rolex, und entdecken Sie, dass

man auch mit einem 50-Cent-Kugelschreiber wichtige Dokumente unterzeichnen kann.

- ▪ Verdoppeln Sie den zeitlichen Abstand, in dem Sie Ihre E-Mails abrufen.

Einige Empfehlungen, was Sie noch tun können

Bei anderen erkennt man Einstellungen und Verhaltensmuster oft schneller und klarer als bei sich selbst, weil man die nötige Beobachtungsdistanz hat. Lesen Sie Zeitschriften, Magazine und schauen Sie Fernsehen mit der Aufmerksamkeit, ob Sie narzisstische Züge bei anderen entdecken können. Talkshows sind dazu ideal geeignet. Achten Sie auf die Ausdrucksweise, die Körpersprache und andere Merkmale, an denen Sie starken Narzissmus festmachen können. Nehmen Sie wahr, was Sie denken und fühlen, wenn Sie jemand mit narzisstischen Zügen auf sich wirken lassen.

Wenn Sie eine Frau sind, ist es hilfreich, sich mit der weiblichen Form des Narzissmus auseinanderzusetzen. Ein gutes Buch dazu stammt von Bärbel Wardetzki (siehe Literaturempfehlungen Seite 178). Sie beschreibt treffend die Unterschiede zum männlichen Narzissmus:

- ▪ Da wo Männer sich eher distanziert und wenig einfühlsam zeigen, können solche Frauen extrem empathisch sich in andere einfühlen bis dahin, dass sie – ohne es zu merken – die Gefühle des anderen übernehmen.
- ▪ Narzisstische Männer sind hinsichtlich Beziehungen oft eher reserviert und betonen auch in einer Beziehung ihre Unabhängigkeit, wohingegen Frauen die Beziehung sehr suchen und auch zum Klammern neigen können.
- ▪ Männer benehmen sich, um obenauf im Kontakt zu sein, oft aggressiv, rebellieren oder werten andere ab. Frauen dagegen sind meist passiv aggressiv. Sie sind trotzig, verweigern sich oder werten sich selbst ab.

- Narzisstische Männer flüchten gern in die Grandiosität, während Frauen in die entgegengesetzte Position der Hilflosigkeit und Depression hineinfallen.
- Männer mit diesem Thema wollen beweisen, dass Sie die Größten sind, kämpfen also um Anerkennung und Autonomie und verdecken ihre Schwäche durch ihren unersättlichen Hunger nach Bewunderung – auch von der Partnerin. Frauen zeichnen sich eher dadurch aus, dass sie sich übermäßig anpassen, sich ganz in den Dienst der Karriere des Mannes stellen und so ihr mangelndes Selbstwertgefühl durch die Bewunderung, die der Mann bekommt, beziehen.

Bei einer Seminarteilnehmerin beobachtete ich, dass sie jedes Mal, wenn sie etwas sagte, den Kopf schräg legte. Ich ließ sie ausprobieren, wie es ist, mit gerader Kopfhaltung etwas zu sagen, was ihr sehr komisch und unnatürlich vorkam. Sie konnte sich aber keinen Reim darauf machen.

Meine Vermutung war, dass sie damit nonverbal Harmlosigkeit demonstrieren wollte, denn in der Tierpsychologie, zum Beispiel bei Hunden, gilt das Schräglegen des Kopfes als Unterwerfungsgeste an den Stärkeren, dass man aufgibt.

Die Frau übte während des Seminars weiter die neue Kopfhaltung und anfangs hatte sie das Gefühl, dadurch auf andere von oben herabzuschauen. Eine Woche später schrieb sie mir in einer E-Mail, dass Kolleginnen ihr gesagt hätten, sie würde sich selbstbewusster und nicht mehr so unterwürfig verhalten.

Von allen hier beschriebenen Psychofallen ist nach meinen Erfahrungen die »Ich bin der Größte-Falle« am schwierigsten für den Betreffenden erkennbar. Zum einen, weil diese Menschen meist große äußere Erfolge haben, viel Anerkennung und Bewunderung ernten. Und auf der anderen Seite, weil diese Menschen die kleinste Schwäche als vernichtende Kritik erleben und sofort abwehren müssen.

10. »Ich betrachte alles nur rational.«
Wie Sie sich mehr mit Ihren Gefühlen befreunden

>»Wir sind alles Ingenieure.
>Bei uns gibt es keine Beziehungsebene.«
>*Ein Seminarteilnehmer*

Ich hatte es eilig, als ich mit Schwung durch die große Drehtür des Münchner Hotels stürmte. So eilig, dass ich in meinem Tempo einer Frau, die vor mir war, die Hand einklemmte. Sie drehte sich zu mir um, und als ich in ihr schmerzverzerrtes Gesicht sah, brachte sie unter den hervorquellenden Tränen nur noch ein »Entschuldigen Sie bitte!« hervor.

Wut und Ärger sind Gefühle, die Männer oft besser ausdrücken können als Frauen. Vermutlich deshalb, weil das diejenigen Gefühle sind, die man Jungen von klein auf eher zugesteht, da sie mit Stärke und Aktivität assoziiert werden. Angst, Traurigkeit oder Hilflosigkeit hingegen wird Männern früh abtrainiert, weil sie scheinbar nicht zu ihrer Identität passen. Doch natürlich gibt es auch Männer, vor allem die mit einem »Mach's allen recht-Antreiber«, die Ärger lieber herunterschlucken und ihn mit guten Erklärungen zu bagatellisieren suchen.

Ärger und Wut haben eine aggressive Energie. Mit diesen Gefühlen grenzt man sich vom anderen ab, stellt klar, dass man anderer Meinung ist oder etwas anderes will. Wer dies konflikthaft erlebt, wird versuchen, solche Gefühle zu meiden.

Fragen zum Thema

- Ärgern Sie sich selten?
- Finden Sie, wenn sich jemand ärgert, dass das immer etwas mit demjenigen selbst zu tun hat?

- Wann haben Sie das letzte Mal geweint?
- Fühlen Sie sich oft schuldig, wenn Sie wütend werden?
- Reden Sie sich Ärger oft selbst aus: »Nicht so schlimm …, War nicht so gemeint …«?
- Entschuldigen Sie sich manchmal automatisch, obwohl der andere sich etwas zuschulden kommen ließ?
- Wann und worüber haben Sie sich das letzte Mal gefreut?
- Was passiert in Ihnen, wenn Sie ein Baby sehen?
- Tun Sie manche Dinge ein bisschen zwanghaft?
- Sagen Sie oft »Man fühlt sich …«, obwohl Sie von sich sprechen?

Wie sich diese Psychofalle entwickeln kann

Wie wir mit Gefühlen umgehen, welche Gefühle erlaubt und welche eher unterdrückt werden sollten, lernen wir zuerst in der Herkunftsfamilie. Dieser Prozess kann ganz offen und dabei schmerzlich ablaufen, indem man in einer bestimmten Situation erlebt, welche Folgen es hat, ein Gefühl zu äußern.

> *Ein Klient erinnert sich, dass er einmal weinend nach Hause lief, weil er von einem Schulkameraden verprügelt worden war, und es seinem Vater unter Tränen erzählte. Die Reaktion des Vaters war direkt und eindeutig. Er gab seinem Sohn eine schallende Ohrfeige mit den Worten: »Und das nächste Mal wehrst du dich!«*

Eine solche Szene, die ich in ähnlicher Form nicht nur einmal hörte, hat eine enorme Wirkung auf ein Kind. Vor allem, wenn man dergleichen mehrmals erlebt, sucht man automatisch nach einer Überlebensstrategie, um damit umzugehen. Häufig entwickelt das Kind einen »Sei stark!«-Antreiber, weil es auf schmerzhafte Weise erlebt, dass »weiche« Gefühle in der Welt nicht erwünscht sind.

Ich schreibe absichtlich »in der Welt«, denn als Kinder und auch als Jugendliche können wir schlecht von den Eltern oder anderen für uns wichtigen Bezugspersonen abstrahieren. Mein Klient in dem Beispiel hatte als Kind nicht die Möglichkeit zu denken: »Also gut, mein Vater kann mit meinen Tränen nicht umgehen. Er hat ein Problem damit. Das heißt noch lange nicht, dass es nicht andere Menschen gibt, die das gut können. Und überhaupt, später als Erwachsener kann ich mir das aussuchen, wie ich mit weichen Gefühlen umgehen will.« In der Kindheit waren für uns die Eltern, Lehrer, ältere Geschwister und andere Respektspersonen »die Welt«. Sie repräsentierten die Realität, mit der wir uns arrangieren mussten. Und jeder von uns hat diese große Anpassungsleistung vollbracht – denn sonst wären wir heute nicht hier. Ein Teil dieser Anpassungsleistungen sind jene Verhaltensweisen, die uns auch als Erwachsene ausmachen. Viele davon sind gut und eröffnen uns Möglichkeiten und Alternativen. Doch etliche davon sind auch beschränkend und engen unsere Möglichkeiten ein – ohne dass uns das bewusst wird.

Weitere Fragen zum Thema

- Welche Rolle spielten Gefühle in Ihrer Herkunftsfamilie?
- Wurden Gefühle geäußert? Wenn ja, von wem und welche?
- Welche Gefühle wurden als »gut« angesehen, welche als schlecht?
- Wurde man angehalten, Gefühlen nachzuspüren und sie zu äußern, oder wurde eher angeregt, Gefühle zu bagatellisieren oder zu unterdrücken?
- Gab es Schmusen und Körperkontakt in Ihrer Familie?

Bei einem Vortrag von Professor Gerald Hüther in Heidelberg hörte ich, dass die frühen Erfahrungen darüber entscheiden, wie und wofür ein Mensch sein Gehirn benutzt und seine Beziehungen zu anderen Menschen und zu seiner Umwelt gestaltet. Die wichtigste Aufgabe des Gehirns ist zeitlebens nicht etwa das Denken, sondern das Herstellen von Beziehungen. Hier gibt es zwei Arten von Lernen. Zum einen das Lernen durch Vermeiden von Angst, in der Regel die Angst vor einer Bestrafung oder vor der Verweigerung einer Belohnung in Form von Zuwendung.

Doch neben diesem »Dressurlernen« gibt es eine weitere Art des Lernens, das durch die Spiegelneuronen ermöglichte »Imitationslernen«. Hierbei lernt das Gehirn – bzw. das Kind oder der Mensch – allein durch das Beobachten von Handlungen eines anderen. Auf diese Weise werden Wahrnehmungs-, Bewertungs- und Verhaltensmuster ausgebildet.

> *Was also einem Erwachsenen gut schmeckt, hängt unter anderem davon ab, in welchem Kulturkreis er aufwuchs. Ein Kind in Vietnam oder Afrika lernt geröstete Maden zu schätzen. Und in manchen Gegenden Chinas ist Hunde- oder Katzenfleisch eine Delikatesse. Ein Kind, das dagegen in Bayern aufwächst, wird früh an den Geschmack von Weißwurst im Schweinedarm gewöhnt.*

Ob und wie wir Gefühle wahrnehmen und ausdrücken, ist also zu einem wesentlichen Teil dadurch beeinflusst, wie in unserer Herkunftsfamilie mit Gefühlen umgegangen wurde. Wurden Gefühle angemessen ausgedrückt, wenn sie auftraten, oder merkte man eher an der Atmosphäre, dass starke Gefühle in der Luft lagen. Eine häufige Regel in Familien ist auch: »Über Gefühle spricht man nicht.«

Wenn Sie tiefer gehen wollen

Ereignisse sind an und für sich neutral, das heißt, sie haben erst einmal keinen emotionalen Inhalt. Erst die Art und Weise, wie wir eine Situation interpretieren, lässt uns Gefühle dazu entwickeln.

> *Ob der Wetterbericht für Samstag überraschend Regen und Sturmwind ankündigt, ist erst einmal eine neutrale Meldung. Je nachdem, ob Sie für diesen Tag Ihre Steuer-*

erklärung geplant oder zu Ihrer Gartenparty 80 Leute eingeladen haben, werden Sie auf die Nachricht mit einer unterschiedlichen Stimmung reagieren.

Das hier öfters empfohlene Logbuch 📖 kann Ihnen auch dabei helfen, zu entdecken, zu welchen Interpretationen der Realität Sie besonders neigen. Aus der kognitiven Verhaltenstherapie sind verschiedene Denkmuster bekannt, die zu Problemen bzw. unangemessenen Gefühlen führen können. Matthew McKay (siehe Literatur Seite 177) hat wichtige Denkmuster zusammengestellt, mit denen Menschen Gefühle ausklammern.

- *Filtern*: Dabei betonen Sie einen Aspekt der Situation und blenden automatisch andere wichtige Informationen aus.
  Eine Klientin mit Prüfungsangst war überzeugt, dass sie eine anstehende Klausurprüfung nicht bestehen würde, da sie bestimmt zu aufgeregt sei. Auf meine Nachfrage erklärte sie, dass sie immer vor Prüfungen sehr aufgeregt sei – und alle Prüfungen in der Vergangenheit mit der besten Note absolviert hatte.
  Tipp: Lernen Sie, mehr wichtige Informationen wahrzunehmen und mit einzubeziehen.
- *Schwarz-Weiß-Denken:* Hier reduzieren Sie die Vielfalt der Möglichkeiten auf die beiden entgegengesetzten Pole. Sie sehen nur ein Entweder-oder anstatt ein Sowohl-als-auch. Wer zu polarisiertem Denken neigt, hat oft auch starke Gefühlsschwankungen.
  »Entweder wir kriegen den Auftrag, oder wir haben versagt«, sagte der Etatdirektor der Werbeagentur zu seiner Mannschaft.
  Tipp: Lernen Sie, das Kontinuum zwischen den Polaritäten zu sehen und anzuerkennen.
- *Extrem verallgemeinern:* Hier ziehen Sie aus einer einzigen Situation, in der etwas nicht klappte, eine verallgemeinernde Schlussfolgerung, die so nicht stimmt.

In der zweiten Golf-Trainerstunde hatte ein Mann alle In- struktionen vom Vortag vergessen und schlug dementspre- chend schlecht ab. »Das lerne ich nie!«, war sein unbe- rechtigtes Fazit. Nach vier Trainingsstunden klappte alles und er war unberechtigterweise euphorisch: »Ich kann's!«
Tipp: Erlauben Sie sich, sich Zeit zu lassen und zusätzliche Bedeutungen einer Situation auf sich wirken zu lassen.

- *Hellsehen:* Hier glauben Sie, dass Sie die verborgenen Ge- danken und Motive anderer Menschen erschließen oder Er- eignisse im Voraus wissen können. Damit geben Sie Ihren Ahnungen, Intuitionen oder vagen Befürchtungen die Kraft von Tatsachen. Wenn Ihre Befürchtung nicht eintritt, er- klären Sie das mit einer Ausnahme.

Sektengurus, Wirtschaftsforscher und manche Politiker se- hen immer mal wieder schreckliche Ereignisse voraus. Tre- ten diese – wie meistens – nicht ein, erklären sie das damit, dass entweder ihre Gebete erhört wurden oder sich die Rahmenbedingungen geändert hätten.

Tipp: Betrachten Sie Ihre Vermutung oder Ahnung als das, was sie ist, *Ihre* Hypothese über die Wirklichkeit.

- *Katastrophendenken:* Mit diesem Interpretationsstil dra- matisieren Sie harmlose Ereignisse zu Anzeichen einer kommenden Katastrophe um und sind verstimmt, wenn an- dere Sie damit zuweilen nicht ernst nehmen.

Die Mutter eines Klienten begleitete dessen Reisevorberei- tungen gern mit der Frage: »Und was machst du, wenn dir nachts in Italien in einer menschenleeren Gegend alles ge- klaut wird und du nicht mal dein Handy hast, um jemanden anzurufen?«

Da er darauf nichts Passendes zu erwidern wusste, emp- fahl ich beim nächsten Mal die Antwort: »Dann lege ich mich in den Straßengraben und warte, dass der Papst vor- beikommt.«

Tipp: Beherzigen Sie die Regel meiner Großmutter: »Was selten ist, ist selten.«
Übrigens hatte sie noch zwei andere wichtige Lebensre-

geln: »Was man befürchtet, tritt selten ein« und »Was einem zustößt, hat man selten vorher befürchtet«.

- *Ungünstig vergleichen:* Bei diesem Denkstil vergleichen Sie sich mit anderen Menschen und achten vor allem auf das, was Sie diesen gegenüber *nicht* haben. Da Sie dabei immer etwas finden werden, sind unangenehme Gefühle unausweichlich.

  Wer im Lotto eine Million gewonnen hat, fühlt sich so lange reich, bis er erfährt, dass jemand eine Woche später mit seiner Ziffernfolge den Jackpot mit 110 Millionen gewonnen hat.

  Tipp: Vergleichen Sie statt nach »oben« besser nach »unten«. Auf Deutsch: Vergleichen Sie sich mit jemandem, dem es noch schlechter geht als Ihnen. Wer wochenlang wegen einer Meniskusoperation an Krücken humpelte, freut sich zunehmend über die Fähigkeit, wieder normal auf zwei Beinen zu gehen (was ja die meisten von uns vermögen).

- *Alles persönlich nehmen:* Hier hören Sie alles auf dem »Beziehungsohr« und glauben, dass das, was geschieht, zweifelsfrei nur mit Ihrem Tun oder Unterlassen zu erklären ist.

  Eine Mutter erklärte die zweite Fünf in Mathe ihrer 16-jährigen Tochter damit, dass sie seit einem halben Jahr wieder Vollzeit arbeitete, und war dabei, darüber Schuldgefühle zu entwickeln. Ich fragte sie, welche Gründe ihr Mann für den Leistungsabfall gefunden hatte. Er sagte: »Entweder taugt die Lehrerin nichts oder unsere Tochter war faul.«

  Tipp: Suchen Sie bewusst nach anderen Erklärungsmöglichkeiten für das Geschehene, vor allem nach solchen, die nichts mit Ihnen zu tun haben.

- *»Man sollte«-Denken:* Hierbei machen Sie sich schlechte Stimmung, weil Sie sich anders verhalten, als es Ihr rigides System von Regeln, Werten und Anforderungen vorschreibt.

  Vor allem Menschen, die als Kind auf einem Dorf aufwuchsen, haben die Maxime »Was sollen denn die Leute denken?« von klein auf verinnerlicht.

Tipp: Horchen Sie öfters nicht auf die Stimme in Ihnen, die Ihnen sagt, was Sie alles sollen, denn diese Liste werden Sie ohnehin nie ganz abarbeiten können. Und forschen Sie nach der leisen Stimme, die Ihnen verrät, was Sie stattdessen wollen.

Hilfreiche Sätze

Setzen Sie sich bequem hin, lesen Sie vorher den Satz, den Sie dann, wenn Sie Ihre Augen geschlossen haben, leise oder laut vor sich hinsagen. Achten Sie genau auf Ihre inneren Reaktionen. Die mögen deutlich oder kaum wahrnehmbar sein. Wie Sie Ihre Reaktionen auf den jeweiligen Satz interpretieren können, können Sie noch einmal auf Seite 55 nachlesen.

- »Alle meine Gefühle sind in Ordnung.«
- »Ich darf sagen, was ich fühle.«
- »Es ist völlig in Ordnung, meinen Ärger auszudrücken.«
- »Meine Wut hilft mir.«
- »Ich gehöre hierher.«
- »Ich muss nicht immer aufpassen.«
- »Ich bin in Ordnung, auch wenn ich traurig/ängstlich/wütend … bin.«
- »Gefühle machen mich lebendig.«

Die Experimente

Schreiben Sie Ihre Gefühle in Ihr Logbuch 📖

Schreiben Sie jeden Tag eine oder mehrere Situationen auf, in denen Sie ein deutlich unangenehmes Gefühl erlebten. Beschreiben Sie dazu in ein, zwei Sätzen sachlich, was passierte (zum Beispiel: »Chef kam herein, warf mir eine Mappe auf den Tisch und sagte, dass ich das noch einmal machen müsse«). Dann schreiben Sie auf, was Sie dachten (zum Beispiel: »Ich bin einfach ungeeignet für diese Aufgabe«), und dann Ihre Gefühle, die Sie erlebten (zum Beispiel: »ein kurzer Anflug von Ärger, dann ein schlechtes Gewissen und Niedergeschlagenheit«).

Wenn Sie auf diese Weise Ihre Gefühle systematisch protokollieren, haben Sie schon nach ein oder zwei Wochen einen guten Überblick über Ihre Gefühlsroutinen. Sie wissen dann, welche Gefühle auf welche Gedankenmuster von Ihnen vor allem folgen. Und hier können Sie dann ansetzen, bestimmte Situationen anders zu interpretieren.

Legen Sie einen Fastentag ein

Hier geht es darum, einen Tag lang auf Ihre gewohnte Strategie, Ihre Gefühle zu verbergen, zu verzichten. Dazu müssen Sie erst herausfinden, welche Strategie das ist. Suchen Sie sich unter der auf Seite 163 ff. aufgeführten Liste (Filter, Schwarz-Weiß-Denken, Verallgemeinern usw.) ein automatisches Verhalten heraus und verzichten Sie einen Tag darauf. Wahrscheinlich wird Ihnen das nicht ganz gelingen, denn Gewohnheiten sind zäh. Das macht gar nichts. Wichtig ist Ihre Achtsamkeit für das, was in Ihnen abläuft, wenn Sie diese Gewohnheit freiwillig weglassen.

Beispiel: Sie erfahren von der Beförderung einer Kollegin, deren Fachkenntnisse Sie nicht als besonders einschätzen. Als Nächstes beobachten Sie bei sich den Gedanken: »So ist es immer, das Leben ist einfach ungerecht.« Anstatt diesen Gedanken nun zu vertiefen und womöglich mit anderen in der Kaffeepause auszuschmücken – verzichten Sie auf diese Verallgemeinerung und wenden sich stattdessen Ihren Gefühlen zu.

Wenn Sie also diese Nachricht von der Beförderung der Kollegin auf sich wirken lassen: Was für Gefühle tauchen dann auf? Vielleicht spüren Sie Ärger oder bemerken Neid, vielleicht sind Sie auch enttäuscht. Alle diese möglichen Gefühle spüren Sie womöglich gar nicht oder nur ganz schwach, wenn Sie vor allem mit der Verallgemeinerung beschäftigt sind. Denn eine wichtige Funktion davon

> *ist, dass man sich im Recht fühlt mit seiner Interpretation, am besten im Zusammensein mit anderen, die dieselbe Weltsicht teilen.*

Üben Sie zu schreien

Schreien ist ein bewährter Weg, um zu verschütteten Gefühlen bei sich vorzudringen. Probieren Sie es an Orten, wo Sie sicher sein können, dass Sie niemand hört, im Auto, im Urlaub an der See oder im heimischen Wald, oder schreien Sie in ein Kissen.

Anfangs werden Sie sich vielleicht komisch vorkommen, aber wenn Sie sich etwas Zeit dabei lassen, werden Sie merken, dass Sie mit Gefühlen, Erinnerungen und Bildern bei sich in Kontakt kommen.

Hier einige Empfehlungen, was Sie noch tun können

Beschäftigen Sie sich mit dieser Frage: »Angenommen, ich würde meine Gefühle mehr wahrnehmen und öfter ausdrücken – was würde ich alles erleben?«

Achten Sie dabei darauf, dass Sie nicht bei den negativen Befürchtungen hängen bleiben:

- »Mein Partner würde mich fragen, ob ich eine Affäre habe.«
- »Mein Chef würde mich fragen, was mit mir in letzter Zeit los wäre, und würde mir dann eine Abmahnung schicken.«
- »Nach zwei Wochen würde mein Partner zusammen mit meinem Chef mich in die geschlossene Abteilung der nächsten Psychiatrie einweisen lassen.«

Erwägen Sie vielmehr auch einige möglicherweise positive Auswirkungen:

Lernen Sie Ihre Gefühle besser kennen

Das können Sie ganz einfach tun. In einem ersten Schritt halten Sie inne bei dem, was Sie gerade tun. In einem zweiten

Schritt spüren Sie achtsam nach, was Sie gerade fühlen und wie Sie das Gefühl am besten beschreiben könnten.

Sehr rationale Menschen haben oft Schwierigkeiten, Gefühle zu benennen. Deshalb finden Sie hier eine Liste von Gefühlen:

abgekanzelt, abgelehnt, abgespannt, abgestoßen, abgeneigt, aggressiv, akzeptiert, allein, alleingelassen, anders, anerkannt, angegriffen, angenehm, angespannt, angezogen, ängstlich, anteilnehmend, antriebslos, appetitlos, ärgerlich, aufgelöst, aufgemuntert, aufgeregt, aufgewühlt, ausgebrannt, ausgeglichen, ausgehalten, ausgelaugt, ausgenutzt, ausgeruht, angeschmiert, ausgestoßen, ausgezogen, balanciert, bedrängt, bedroht, bedrückt, befriedigt, begehrt, begeistert, begierig, begünstigt, behaglich, belästigt, beleidigt, bemitleidet, benachteiligt, beneidet, benutzt, berührt, beschämt, bescheiden, beschissen, beschmutzt, beschwingt, besiegt, bestätigt, bestraft, bestürmt, besudelt, betäubt, betrogen, betroffen, betrunken, bevormundet, bewundert, bitter, blamiert, bloßgestellt, brennend, dankbar, demütig, dreckig, durcheinander, durchschaut, durstig, eifersüchtig, eingeengt, eingeschüchtert, einsam, eklig, empört, energiegeladen, entehrt, enthemmt, entschlossen, entspannt, enttäuscht, entwertet, erbarmungsvoll, ergriffen, erhaben, erleichtert, erniedrigt, erregt, ertappt, erwartungsvoll, fähig, fahrig, fit, frei, fremd, freudig, freudlos, froh, fröhlich, ganz, geachtet, geborgen, gebunden, gedemütigt, geduldet, geduldig, geehrt, gefährdet, gefasst, gefordert, gefühllos, gehänselt, gehasst, gehemmt, gehetzt, geil, gekränkt, gelangweilt, gelassen, geleimt, geliebt, gelöst, gemocht, genervt, genötigt, geprügelt, gereizt,

gering geschätzt, gerührt, geschlagen, geschmeichelt,
gespannt, gestört, gesund, getäuscht, gewachsen,
gewappnet, gewöhnlich, gezwungen, gierig, glücklich,
gut, gut gelaunt, hasserfüllt, heiß, hibbelig, high,
hilflos, hochmütig, hoffnungsvoll, hoffnungslos,
hungrig, in Panik, interessiert, jähzornig, kalt, klar,
komisch, kontrolliert, kraftvoll, krank, kribbelig,
kritisiert, kummervoll, kümmerlich, langweilig,
lebendig, lebensmüde, leer, leicht, leidvoll, liebend,
lustig, lustlos, lustvoll, matt, melancholisch,
minderwertig, missbraucht, missgelaunt, missgünstig,
missmutig, misstrauisch, mitfühlend, mitleidig,
mitschuldig, müde, mutig, mutlos, nah, neidisch,
nervös, neugierig, nicht beachtet, nichts,
niedergeschlagen, ohnmächtig, optimistisch,
pessimistisch, platt, powervoll, provoziert, rachevoll,
ratlos, reif, rein, reuevoll, ruhig, ruiniert, sauer,
schadenfroh, schamvoll, scharf, schlecht gelaunt,
schmachvoll, schmerzlich, schmutzig, schön,
schüchtern, schuldbewusst, schuldig, schwach,
schwebend, schwer, schwindlig, schwungvoll,
selbstbewusst, selbstsicher, sicher, sorgenvoll, spritzig,
stark, stolz, traurig, triumphierend, trotzig, übel,
überheblich, überlegen, übermüdet, überrascht,
umworben, unbehaglich, unbeliebt, ungeduldig,
ungeliebt, unglücklich, unlustig, unrein, unruhig,
unschuldig, unsicher, unterdrückt, unterfordert,
unterlegen, unternehmungslustig, unterschätzt,
unterstützt, untröstlich, unverstanden, unwichtig,
unzufrieden, verachtet, verantwortungsvoll, verbittert,
verblüfft, verbunden, verdutzt, verfolgt, verführt,
verkannt, verklemmt, verkrampft, verlassen, verlegen,
verletzlich, verletzt, verliebt, verpflichtet, verraten,
verspannt, verstanden, verstummt, vertrauensvoll,

vertraut, verurteilt, verwirrt, verwundbar, verwundert, verzweifelt, wach, warm, weich, weinerlich, wertlos, wertvoll, wild, willenlos, wissbegierig, wohl, wohlig, wollüstig, wütend, zerbrechlich, zerrissen, zerstört, zornig, zufrieden, zugehörig, zugeneigt, zuversichtlich, zweifelnd, zwiespältig.

Was Sie noch tun können

- Fangen Sie an zu singen. Im Auto, unter der Dusche, mit Ihren Kindern, beim Nordic Walking. Denn Singen regt einerseits die Gehirnentwicklung an, aber vor allem lädt es Sie ein, mehr zu fühlen. Probieren Sie es aus.
- Externalisieren Sie den Teil, der Sie nicht fühlen lässt. Finden Sie ein für Sie stimmiges inneres Bild für diesen Teil von sich (Gefühlsstaubsauger, Bermuda-Dreieck, Oberlehrer o. Ä.). Stellen Sie sich das Bild so plastisch wie möglich vor und nehmen Sie es nach innen. Wenn Sie in bestimmten Situationen bemerken, dass Sie wieder Ihre Gefühle weglassen, sagen Sie sich innerlich: »Mein Gefühlsstaubsauger will gerade meinen Ärger verschwinden lassen, ich spüre jedoch, dass ich ärgerlich darüber bin, was Kollegin …«

  So bekommen Sie Abstand, Abstand zu dem Teil, der Sie vor Ihren Gefühlen schützen will. Das war vermutlich in Ihrer Biografie mal eine wichtige Strategie. Doch heute sind Sie erwachsen und können entscheiden, was und wie Sie Ihre Gefühle wahrnehmen.

Zum Schluss: Wie fängt man an, mit etwas aufzuhören?

Sie erinnern sich bestimmt noch daran, dass ich Sie anfangs (Seite 13) aufforderte, sich eine Minute auf einen Stuhl zu stellen oder sich die Ohren zuzuhalten. Was haben Sie da gemacht?

Es könnte sein, dass Sie sich so, wie Sie sich bei diesem ersten Vorschlag verhalten haben, auch im Verlauf der folgenden 170 Buchseiten verhalten haben. Es gibt nur zwei Möglichkeiten:

1. *Sie haben angefangen.*

Sie haben also verschiedene hilfreiche Sätze zu Ihrer Psychofalle ausprobiert. Vielleicht haben Sie auch das eine oder andere Experiment gewagt und dabei interessante Entdeckungen gemacht. Eventuell haben Sie sich sogar das Logbuch angelegt und immer mal wieder Ihre Erfahrungen und Gedanken hineingeschrieben.

Ich gratuliere Ihnen! Sie sind auf einem guten Weg. Sie haben sich selbst gezeigt, dass Sie tatsächlich etwas verändern wollen. Sie haben erkannt, dass Lesen allein nichts verändert und Sie stattdessen etwas Neues ausprobieren müssen. Machen Sie weiter.

2. *Sie haben noch nicht angefangen.*

Sie wollten sich erst mal einen Überblick verschaffen oder hatten keine Zeit, eine Übung auszuprobieren oder sind überhaupt erst mal grundsätzlich skeptisch, wenn Sie mit etwas Neuem konfrontiert werden.

Ich gratuliere Ihnen! Sie sind auf einem guten Weg. Sie haben selbst erlebt, wie stark Ihr innerer Autopilot ist und wie verlässlich er Sie auf dem Weg der gewohnten Verhaltensweisen hält. Sie haben auch erkannt, dass Lesen allein nichts verändert und Sie stattdessen etwas Neues ausprobieren müssen.

Machen Sie nicht so weiter.

Auf Urlaubsreisen mit dem Auto gab es früher manchmal ein Schild »Letzte Tankstelle vor der Grenze«. Es sollte einen daran erinnern, jetzt zu handeln, wenn man noch mal preiswert tanken wollte. In diesem Sinne kommt jetzt auch ein Hinweis:

> **Letzte Möglichkeit, etwas zu ändern!**

Wenn Sie zu der Kategorie der Leser oder Leserinnen gehören, die noch nicht angefangen haben, glauben Sie das natürlich nicht. Sie sagen sich, dass Sie genauso gut noch in sechs Wochen damit anfangen können.

Sie haben ja recht, theoretisch. In der Praxis passiert das dennoch selten. Es gibt nämlich für vieles einen richtigen Moment. Und Ihr bester Moment, mit dem Verändern anzufangen, ist jetzt. Weil Sie etwas dazu gebracht hat, dieses Buch zu kaufen. Weil Sie interessiert genug waren, es bis hierher zu lesen. Und jetzt kommt ein spannender Moment. Wenn Sie etwas verändern wollen, reicht das Wollen nicht aus. Sie müssen dazu entschlossen sein, etwas zu verändern.

Hier noch eine kleine Hilfestellung von mir:

- Wollen Sie eine bessere Balance erreichen zwischen Beruf und Privatleben?
  Arbeiten Sie mit den Sätzen und Experimenten ab Seite 60.
- Sind Sie entschlossen, sich und Ihre Leistungen besser zu verkaufen?
  Lesen Sie die Hinweise ab Seite 72.
- Haben Sie keine Lust mehr, es immer allen recht zu machen?

Fangen Sie an, Ihre inneren Barrieren abzubauen, ab Seite 80.

- Wäre es nicht toll, wenn Sie Fehler von sich gelassener betrachten könnten?

Dann freunden Sie sich mit der 80/20-Regel an ab Seite 94.

- Wenn Sie sich Ihren Stress selbst machen, können Sie sich auch weniger Stress machen.

Lesen Sie ab Seite 103, wie das geht.

- Wollen Sie herausfinden, welche Wünsche und Ziele wirklich motivierend für Sie sind?

Ihr Kapitel beginnt auf Seite 116.

- Können Sie sich vorstellen, Ihren Chef zu akzeptieren und ihm auf gleicher Augenhöhe zu begegnen?

Ab Seite125 können Sie lesen, welche Schritte Ihrerseits dazu nötig sind.

- Angenommen, Sie könnten Ihre Angst vor Konflikten deutlich verringern, wäre das interessant für Sie?

Dann lesen Sie ab Seite 137, womit Sie sich weiterhelfen können.

- Immer der Größte, Beste und Tollste sein müssen, ist auch anstrengend.

Lesen Sie ab Seite 148, wie es auch anders gehen kann.

- Wäre es nicht gut, wenn Sie Gefühle statt bedrohlich als bereichernd erleben könnten?

Ab Seite 159 stehen die Hintergründe, wie Sie das erreichen können.

Wie gesagt, jetzt ist der Zeitpunkt für den entscheidenden Schritt, durch den Sie etwas verändern können. Den kann Ihnen niemand abnehmen. Sie müssen anfangen.

Wenn Sie auf Ihrem Veränderungsweg Unterstützung brauchen, gehen Sie auf meinen Blog www.ichkannauchandersblog.de und schildern Sie Ihr Umsetzungsproblem oder stellen Sie Ihre Frage. Ich werde Ihnen bestimmt antworten.

Ich freue mich, von Ihnen zu hören.

Ihr Roland Kopp-Wichmann

Empfehlungen für Literatur, Websites, Blogs und Podcasts

Literatur

Bauer, Joachim: Das Gedächtnis des Körpers. Wie Beziehungen und Lebensstile unsere Gene steuern. München 2004
Dass Körper und Geist irgendwie zusammengehören, weiß inzwischen fast jeder. Doch wie dieses Zusammenwirken in unserem Leben wirklich abläuft und mit welchen Folgen, erklärt der Mediziner.

Casriel, Dan: Wiederentdeckung der Gefühle: Um einen Schrei vom Glück entfernt. Oberursel 1995
Ein Klassiker. Der Begründer der Bonding-Methode erklärt eindringlich, allerdings mit dem Weltbild von 1972, wie wir unsere Gefühle verschüttet haben und wie wir über den Schrei wieder Zugang dazu finden.

Dietz, Ingeborg u. Thomas: Selbst in Führung – Achtsam die Innenwelt meistern. Paderborn 2007
Das Buch zweier Kollegen aus dem Hakomi-Institut mit Reflexionen und Übungen zum Selbst-Coaching sowie differenzierten Anleitungen für professionelle Begleiter, Coaches und Trainer.

Dwoskin, Hale: Die Sedona-Methode. Wie Sie sich von emotionalem Ballast befreien und Ihre Wünsche verwirklichen. Kirchzarten 2008
Ein Veränderungsbuch mehr aus der esoterischen Ecke. Kein langes Suchen nach den Ursachen, sondern ein Selbsthilfebuch zum »Loslassen« belastender Gefühle.

Fisher, Roger u. a.: Das Harvard-Konzept: Der Klassiker der Verhandlungstechnik. Frankfurt 2009
Ein weltweit bekanntes und erprobtes Modell, aus eskalierenden Konflikten auszusteigen. Auch als Audio-Book im Auto anzuhören.

Freeman, Arthur u. DeWolf, Rose: Die 10 dümmsten Fehler kluger Leute: Wie man klassischen Denkfallen entgeht. München 2009
Warum tun wir Dinge, von denen wir wissen, dass sie dumm sind, immer wieder?

Freud, Anna: Das Ich und die Abwehrmechanismen. Frankfurt/Main 1984
Ein Klassiker von der Tochter von Sigmund Freud.

Geißler, Karlheinz u. a.: Die Nonstop-Gesellschaft und ihr Preis. Vom Zeitmissbrauch zur Zeitkultur. Stuttgart 1998
Wie wir bei aller manchmal notwendigen Eile auch Orte und Zeiten der Ruhe, der Pause, des Innehaltens, der Lücken finden.

Hargens, Jürgen: Bitte nicht helfen! Es ist auch schon so schwer genug. (K)ein Selbsthilfebuch. Heidelberg 2007
Nur 72 Seiten dick, aber eine geballte Ladung in acht Kapiteln, warum

gängige Selbsthilfebücher so wenig helfen und wie man es klüger anfängt.

Haucke, Patrizia u. Krenovsky, Annette: Gelassen und souverän führen: Die Stärken des weiblichen Führungsstils. München 2003
Frauen führen anders – aber wie. Dafür gibt das Buch Denkanstöße und Anregungen.

Heinzelmann, Sandra: Regie im eigenen Leben?: 7 Strategien für effektvolles Selbst-Coaching. Paderborn 2007
Angenommen, Ihr Leben wäre ein Film und Sie Drehbuchautor. Mit dieser interessanten Analogie beschreibt die Autorin, wie Sie es von der Statistenrolle auf den Regiestuhl schaffen.

Hüther, Gerald: Die Macht der inneren Bilder. Wie Visionen das Gehirn, den Menschen und die Welt verändern. Göttingen 2004
Der wissenschaftliche Hintergrund aus der Neurobiologie, der dem Konzept der »Landkarten« dieses Buches zugrunde liegt. Von einem Professor geschrieben, aber dennoch anschaulich und lebendig.

Janson, Simone: Die 110-%-Lüge: Wie Sie mit weniger Perfektion mehr erreichen. München 2009
Eine »Perfektionistin auf Entzug« zeigt, wie Menschen auch ohne Zwang zur Perfektion wieder Freude an der Arbeit empfinden und sogar produktiver arbeiten.

Johnstone, Keith u. a.: Improvisation und Theater. Berlin 1993
Dieses Buch lohnt sich, wenn Sie über Hoch- und Tiefstatus im Miteinander mehr erfahren wollen.

Keicher, Imke u. Brühl, Kirsten: Sie bewegt sich doch. Neue Chancen und Spielregeln für die Arbeitswelt von morgen. Zürich 2008
Die zwei Zukunfts- und Trendforscherinnen machen deutlich, wie der alte Mitarbeiter-Begriff überholt ist und diese schon heute aufgefordert sind, zu Mitgestaltern und Lebensunternehmern zu werden.

Klein, Stefan: Zeit – der Stoff, aus dem das Leben ist. Eine Gebrauchsanleitung. Frankfurt 2006
Die Zeit ist nichts Objektives, sondern hängt ab von dem Menschen, der sie erlebt. Dafür liefert dieses Buch eine Fülle von Erkenntnissen und Belegen.

Pöhlmann, Simone u. Roethe, Angela: Die Streitschule: Trainieren Sie Ihre Kommunikations- und Konfliktfähigkeit. Paderborn 2003
Es ist nicht einfach, anhand eines Buches ein so komplexes und gefühlsbeladenes Thema wie »Konfliktfähigkeit« zu trainieren. Doch dieses Buch liefert eine gute Grundlage mit vielen Übungen und Rollenspielen.

Kurtz, Ron: Körperzentrierte Psychotherapie: Die Hakomi-Methode. München 1994
Ron ist der Gründer der Methode, die mich am meisten bei meiner Arbeit beeinflusst hat. Die Prinzipien der Achtsamkeit, der Gewaltlosig-

keit und des Umgangs mit Widerstand stammen von dort. Ich war einer
der Gründer des Hakomi Institute of Europe.

Lehner, Johannes M. u. Ötsch, Walter: Jenseits der Hierarchie: Status im
beruflichen Alltag aktiv gestalten. Weinheim 2006
Die These, dass sich jede Interaktion von Menschen um Dominanz und
Unterwerfung dreht und Gleichheit nur in seltenen Ausnahmefällen
möglich sei, erläutern die Autoren anhand vieler Alltagsbeispiele.

McKay, Matthew u. a..: Selbstwert. Die beste Investition Ihres Lebens:
Ein Trainingsbuch. So entwickeln Sie Selbstwertgefühl – Schritt für
Schritt zu mehr Lebensqualität. Paderborn 2008
Wie der Titel verspricht ein gutes Arbeitsbuch mit vielen Übungen und
Tipps.

Röhr, Heinz-Peter: Narzissmus: Das innere Gefängnis. München 2005
Das Buch ist für den vom Narzissmus betroffenen Menschen geschrie-
ben. Durch viele Fallgeschichten ist es sehr lebensnah und lässt einen
die innere Not besser verstehen.

Roser, Brigitte: Das Ende der Ausreden. Was alles möglich wird, wenn
wir wollen. München 2008
Ein Aufruf – speziell an Frauen –, hinter die eigenen Ausreden zu
schauen. Daraus ist ein erfrischendes, tiefenpsychologisch fundiertes
und sehr persönlich geschriebenes Buch geworden.

Satir, Virginia u. Bosch, Maria: Selbstwert und Kommunikation. Famili-
entherapie für Berater und zur Selbsthilfe. Stuttgart 2009
Ein Klassiker, der mit vielen Beispielen den Zusammenhang zwischen
Kommunikation, Familiensystem und (un)bewussten Regeln innerhalb
der Familie deutlich macht.

Smith, Manuel: Sag Nein ohne Skrupel: Die neue Methode zur Steige-
rung von Selbstsicherheit und Selbstbehauptung. München 2005
Der Titel erklärt sich selbst.

Sprenger, Reinhard: Mythos Motivation: Wege aus einer Sackgasse.
Frankfurt 2007
Ein provokantes Buch, das mit den gängigen Motivationskonzepten
gründlich aufräumt und andere Wege zeigt. Obwohl schon älter, immer
noch aktuell und toll zu lesen.

Sprenger, Reinhard: Die Entscheidung liegt bei dir!: Wege aus der alltäg-
lichen Unzufriedenheit. Frankfurt 2004
Das Buch für alle, die sich im Leben immer wieder als Opfer fühlen und
so verhalten. Unbequem, weil es sämtliche lieb gewordenen Ausreden
konfrontiert, aber heilsam.

Steinke, Gerald: Naikan: Versöhnung mit sich selbst. Bielefeld 2003
Die Methode habe ich im Buch kurz vorgestellt. Hier also das kom-
plette Konzept mit Erfahrungsberichten von Naikan-Übenden, wie
auch Analysen von Wissenschaftlern und Experten über den Einsatz
von Naikan u.a. in Wirtschaft, Personalführung und Management.

Ulsamer, Bertold: Der Apfel-Faktor. Wie die Familie, aus der wir kommen, beruflichen Erfolg beeinflusst. München 2009
Der Autor betrachtet berufliche Probleme auch mit dem Blick auf die Herkunftsfamilie, jedoch überwiegend aus der Perspektive des Familienstellens. Spannend und aufschlussreich.

Wardetzki, Bärbel: Weiblicher Narzissmus – der Hunger nach Anerkennung. München 2006
Das Buch ermöglicht Frauen einen ziemlich unbequemen Blick in den Spiegel und ist gleichzeitig sehr verständnisvoll abgefasst. Besonders gut sind die Hinweise, von welchen Kindheitserfahrungen der weibliche Narzissmus herrührt. Wertvoll auch für Frauen mit Essstörungen.

Wehrle, Martin: Der Feind in meinem Büro – Die großen und kleinen Irrtümer zwischen Chef und Mitarbeiter. Berlin 2005
Eigentlich wollen Chef und Mitarbeiter dasselbe: miteinander zusammenarbeiten. Das locker geschriebene Buch hilft, sich in die Position des jeweiligen anderen hineinzuversetzen und gibt pfiffige Tipps.

Wirth, Hans-Jürgen: Narzissmus und Macht: Zur Psychoanalyse seelischer Störungen in der Politik. Gießen 2002
Ein schonungsloser Blick, welche seelischen Deformationen es manchen Männern ermöglichen, an die Spitze zu kommen – und warum wir diesen Menschen unsere Stimme geben.

Alle diese Buchempfehlungen – und noch mehr zum Thema »Psychofallen« – können Sie auch auf meinem Blog finden:
www.ichkannauchanders-blog.de

Websites und Blogs

Man kann sich nicht nicht verhalten, hieß es in diesem Buch. Genauso gilt: Man kann sich nicht nicht entscheiden. Dieses komplexe Thema behandelt kompetent und umfassend mein Blogger-Kollege Kai-Jürgen Lietz auf seinem Blog:
www.entscheiderblog.de

Dr. Volker Buddrus setzt sich auf seiner Website ausführlich auch mit dem Thema Narzissmus auseinander unter:
http://www.prozessbegleitung.com/rueckwege/uebersicht.html

Speziell zur Psychofalle »Ich bin der Größte« gibt es eine interessante Website mit Buchempfehlungen, einem Forum und weiteren Links:
http://www.narzissmus.net

Zum Thema Beruf, Job und Karriere gibt es neben dem gleichnamigen Buch »Die Karrierebibel« von Jochen Mai einen Blog, in dem er laufend interessante Artikel einstellt: www.karrierebibel.de

Mit dem Thema Disziplin befasst sich ausgiebig http://zenhabits.net/2009/05/06.small-things-you-can-do-when-you-lack-discipline/

Gute Selbsterfahrungsworkshops, Ausbildungen und empfehlenswerte Therapeuten finden Sie auf der Website des Instituts, dessen Mitbegründer und -leiter ich 20 Jahre lang war: www.hakomi.de

Wer sich für authentisches Marketing für sein Unternehmen oder als Selbstständiger interessiert, findet bei Heide Liebmann in ihrem Buch »Der Nasenfaktor« und auf ihrem Blog überzeugende Anregungen und Tipps: http://www.heide-liebmann.de/blog

Ein guter Blog mit Beiträgen über Zeitmanagement, Organisation, Motivation u.Ä. ist http://imgriff.com/

Nicht alles im Unternehmen und bei der eigenen Karriere lässt sich planen. Intuition und Nichtwissen spielen eine wichtige Rolle. Der Experte dafür ist Andreas Zeuch. Hier seine Website: http://www.a-zeuch.de

Erfolgreich sein.Mehr Freude an der Arbeit haben. Dazu finden Sie gute Tipps und Kurse auf verschiedenen Blogs bei:
www.unternehmenskick.de

Ein Wissenschaftsblog informiert über Denkmuster und neue Erkenntnisse aus der Psychologie: http://www.brainlogs.de/

Podcasts

sind Audiodateien im Internet, die Sie sich direkt am PC anhören oder meist kostenlos herunterladen können und auf Ihren iPod oder einen anderen MP3-Player überspielen und sich überall anhören können.
Beiträge von mir können Sie hier anhören:
http://kopp-wichmann.podspot.de/

Über 600 kostenlose Podcasts zu vielen klassischen Weiterbildungsthemen – verfasst von erfahrenen Trainern und Coaches – finden Sie hier:
http://www.dasabenteuerleben.de

Informationen rund um Management, Führung und Ihre persönliche Karriere hören Sie auf www.management-radio.de

Über den Autor und weitere Informationen

Wenn Sie bis hierher gelesen und tatsächlich einige von den Experimenten und Sätzen ausprobiert und dadurch Neues erlebt haben, dann möchten Sie vielleicht auch etwas über den Autor wissen:

Ich war ursprünglich Bankkaufmann, arbeitete als EDV-Operator, Werbetexter, Versicherungsvertreter, holte mein Abitur auf dem zweiten Bildungsweg nach, lebte danach ein Jahr in einem Kibbuz in Israel und studierte dann Psychologie in Heidelberg.

Seit über 25 Jahren arbeite ich als Führungskräftetrainer, Coach und halte Vorträge. Seit einigen Jahren habe ich mich ganz auf intensive Persönlichkeitsseminare spezialisiert. Das vorliegende Buch beschreibt den dabei verwendeten Ansatz und einen Teil der Methoden.

Wenn Sie sich für Seminare mit mir interessieren, gehen Sie auf www.seminare4you.de

Wenn Sie mehr von mir lesen wollen, können Sie mich auf meinem Blog besuchen, auf dem ich regelmäßig Beiträge zum Thema Job und Karriere veröffentliche:
www.persoenlichkeits-blog.de

Oder Sie folgen mir auf Twitter unter:
http://twitter.com/RKoppWichmann

Ich würde mich freuen, wenn Sie auf dem Blog
www.ichkannauchanders-blog.de
einen Kommentar zu diesem Buch hinterlassen würden. Wenn Sie Ihre E-Mail-Adresse dort hinterlassen, erhalten Sie in Abständen meinen Persönlichkeits-Letter sowie eine Nachricht, wenn neue Artikel, Podcasts etc. eingestellt wurden.

Ihr Roland Kopp-Wichmann